AI와 로비

AI문고

인공지능 시대입니다. 기계가 인간의 인지를 대신하고, 사물이 인간을 통하지 않고 다른 사물과 직접 커뮤니케이션합니다. 이에 따른 인간 삶과 문명 변화를 정확히 이해·예측·대응하는 것은 이 시대 우리 모두의 과제입니다. AI문고는 인공지능 기술과 환경의 여러 주제를 10가지 키워드로 정리합니다. 관련 개념과 이론, 학계와 산업계의 쟁점, 우리 일상의 변화를 다룹니다. 인간과 기술의 현재, 미래를 세심히 분석합니다.

일러두기

- 인명, 작품명, 저서명, 개념어 등은 한글과 함께 괄호 안에 해당 국가의 원어를 병기했습니다.
- 외래어 표기는 현행 어문규정의 외래어표기법을 따랐습니다.

처음이세요?
전문가세요?

지금, 큐알 찍으면

AI 입문서 바로 선물

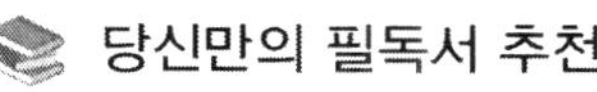

당신만의 필독서 추천

500권 요약본 공짜

오디오북 무료 사용

AI와 로비

오창우

대한민국, 서울, 커뮤니케이션북스, 2026

AI와 로비

지은이 오창우
펴낸이 박영률

초판 1쇄 펴낸날 2026년 1월 29일

커뮤니케이션북스(주)
출판 등록 2007년 8월 17일 제313-2007-000166호
02880 서울시 성북구 성북로 5-11
전화(02) 7474 001, 팩스(02) 736 5047
commbooks@commbooks.com
www.commbooks.com

ISBN 979-11-430-1798-7 03500

책값은 뒤표지에 표시되어 있습니다.

차례

AI 시대의 로비:
초연결 사회, 민주주의의 새로운 소통 문법

'로비(Lobby)'의 어원은 고대 독일어 '라우바(Lauba)'에 그 뿌리를 두고 있다. 이는 '낙엽을 모아 두는 곳(shelter of foliage)'을 의미하는 소박한 피난처였다. 비바람을 피해 모여들던 이 공간은 시간이 흐르면서 영국 의회에서 대중이 의원들을 기다리며 의견을 전달하던 '현관이나 통로'라는 공간적 개념으로 진화했다. 실제로 초기 영국 궁정에서는 넓은 홀과 연결된 통로에서 많은 귀족과 큰 상인들이 국왕이나 여왕의 알현을 기다렸다가 자신들이 뜻한 바를 관철시키곤 했다. 이는 오늘날 우리가 이해하는 로비 활동의 원형적 모습을 보여 준다. 현대에 이르러 로비는 물리적 공간에 머무르지 않고, 특정 목적을 달성하고자 정치적 영향력을 행사하는 고도의 커뮤니케이션 행위 그 자체를 의미한다. 국어사전에서는 로비를 '정치적 압력 단체'나 '정치적인 로비 활동' 등으로 정의하는 한편, 동사로는 '영향력을 행사하다'로 풀이한다.

자신의 이익을 추구하고 극대화하려는 인간의 본질적

인 동기는 정치적 맥락에서 정책 결정 주체에게 영향력을 행사하려는 시도로 발현되며, 이는 필연적인 과정이다. 특히 특정 목표 달성을 위해 조직된 단체나 집단에게는 그 목적을 효율적이고 효과적으로 실현하기 위한 정치적 · 전략적 개입이 더욱 합리적인 행위로 간주된다. 정치적 결정이 사회 전반에 막대한 영향력을 미치므로, 다양한 이해관계 집단이 의견을 개진하고 정책 과정에 참여하는 활동은 민주주의의 건전한 작동을 위한 필수적인 요소다.

이처럼 로비의 본질적인 필요성에도 불구하고, 2015년 이 책의 전신인 《로빙(Lobbying)》을 집필하며 필자가 던진 화두는 "왜 지금 로빙인가?"였다. 당시 한국 사회는 '부정청탁 및 금품 등 수수의 금지에 관한 법률(일명 김영란법)' 제정을 목전에 두고 있었다. 이때 '로비' 혹은 '로비하다'라는 용어는 여전히 음습한 뒷거래나 비리의 온상으로 인식되며 매우 강한 부정적 인식이 지배적이었다. 한국 현대사 속 굵직한 로비 관련 사건들은 이러한 부정적 인식을 더욱 고착화하는 결정적인 역할을 했다. 실제로 당시 주요 포털 사이트 검색 상위에 "정치권 '신동아로비' 수사 촉구", "국회 법안 처리 잇단 로비 의혹", "신동아 정 · 관계 로비 전면 수사", "로비 대상 의원

2명 더 있다"와 같은 기사들이 등장했던 현실은 이러한 사회적 인식을 단적으로 대변한다. 이처럼 부정적인 사회적 분위기 속에서도 학계와 현장에서는 로비의 양성화와 제도화를 통해 이익 집단 간의 투명한 경쟁을 유도하고 시장 왜곡을 막아야 한다는 치열한 논쟁이 전개되었다.

민주주의 사회에서 로비가 공식적인 사회적 제도로 정착하지 못하고 음성적인 영역에 머무를 경우, 이는 심각한 문제점들을 야기할 뿐만 아니라 로비 본연의 긍정적 기능마저 제대로 발휘되지 못하게 한다.

첫째, 정책 결정 과정의 불투명성을 심화시킨다. 합법적인 소통 채널이 부재할 경우, 이해관계자들은 음성적이고 비공개적인 경로를 통해 영향력을 행사하게 된다. 이는 정책 결정의 주체, 방식, 그리고 배경에 대한 식별을 어렵게 하여 민주적 책임성을 저해한다.

둘째, 부패와 비리의 온상이 될 위험을 증대시킨다. 공식적인 감시 및 견제 시스템이 부재한 상황에서 로비 활동이 전개될 경우, 금품 수수나 부정 청탁 등 불법적인 행위로 변질될 개연성이 커진다.

셋째, 특정 집단의 불균형적인 영향력 행사를 초래한다. 자원이 풍부한 소수 이익 집단만이 비공식적인 네트워크를 통해 접근하고 영향력을 행사함으로써, 다수의 목소리가 배제되는 불평등한 상황을 야기한다.

넷째, 정책 품질 저하를 유발한다. 투명한 논의 과정 없이 특정 집단의 이익만을 대변하는 정보가 정책 결정에 반영될 경우, 공익에 부합하지 않거나 장기적으로 부작용을 초래할 수 있는 정책이 입안될 가능성이 높아진다.

다섯째, 시민의 정치 참여 의지와 제도에 대한 신뢰를 훼손한다. 로비가 비리와 동일시되면서 정책 결정 과정 전반에 대한 국민적 불신이 심화되며, 이는 민주주의의 근간을 흔드는 결과를 초래할 수 있다.

여섯째, 공론장을 왜곡하여 사회적 갈등 조정 기능을 약화시킨다. 다양한 이해와 의견이 공개적으로 충돌하고 조정되는 합리적인 공론장이 형성되기 어려우며, 음성적인 거래와 힘의 논리에 의해 갈등이 일시적으로 봉합되면서 근본적인 문제 해결을 저해한다.

이러한 일련의 문제들이 지속되는 배경에는 '로비'라는 단어 자체에 대한 뿌리 깊은 불신이 존재한다. 이는 역설적으로 정책 과정의 공개적이고 합법적인 소통 채널을 위축시키고, 오히려 비공식적인 경로에 의존하게 만드는 결과를 초래하고 있다.

그로부터 약 10년의 시간이 흐른 현재, 우리는 인공지능(AI)과 빅데이터가 주도하는 지능 정보 사회라는 거대한 전환점에 직면해 있다. 지난 10년간 로비의 절차적 투명성 확보를 위해 법과 윤리적 측면이 강조되었다면, 향후 10년은 기술과 데이터를 활용하여 로비의 본질적 효율성과 과학성을 입증하는 시대가 될 것이다. AI 시대의 도래에도 불구하고, 합법적 이익 옹호와 정책 결정 과정 참여라는 로비의 본질적 목적과 사회적 필요성은 여전히 유효하다. 더욱이 정보의 비대칭성 해소와 투명성 증대라는 사회적 요구 속에서, 로비 활동의 투명성과 책임성 있는 수행은 더욱 중요해졌다. 이에 본서 《AI와 로비》는 2015년 《로빙》이 제기했던 로비의 사회적 가치를 재확인하며, 기술적 진보에 따른 로비의 새로운 방법론과 확장된 역할을 조망하고자 기획되었다.

로비 패러다임의 구조적 전환

오랫동안 로비는 '인적 네트워크'의 산물로 간주되어 왔다. 누구와의 연결성, 즉 학연과 지연으로 맺어진 관계가 로비 성패를 좌우하는 결정적 변수였다. 물론 인간적 신뢰 관계는 여전히 중요한 요소이지만, AI 시대의 로비는 더 이상 '관계 자본(relationship capital)'에만 의존하거나 개인의 감(感)이나 주관적인 경험에만 기댄 행위에 머무르지 않는다. 이제 로비의 핵심 동력은 방대한 데이터를 신속하고 정확하게 분석하여 정교한 예측적 통찰(predictive insights)을 도출하고, 이를 통해 전략적 우위를 선점하는 능력, 즉 '지능과 기술 중심'의 새로운 영역으로 변화하고 있다.

오늘날 정책 결정 환경은 실시간으로 생성되며 끊임없이 변동하는 방대한 데이터로 규정된다. 입법 예고안, 규제 동향, 소셜 미디어 여론, 전 세계 언론 보도, 공공기관 보고서, 시민 청원 등 정책 관련 데이터는 이미 사람이 모두 파악하기 어려울 정도로 많아졌다. 과거에는 제한된 정보와 소수의 인맥에 의존해 정책의 흐름을 짐작했지만, 이제 AI는 이 방대한 정보 속에서 숨겨진 규칙을 찾아내고, 복잡한 원인과 결과의 관계를 밝혀내며, 미래 정책의 방향을 정확하게 예측하는 강력한 능력을 제공한다.

이는 로비가 단순히 경험과 감각에 의존하던 '예술'의 영역에서 벗어나 데이터에 기반한 '과학'의 영역으로 발전했음을 뜻한다. AI는 법을 만드는 과정에서 지연되는 부분을 분석하여, 특정 안건에 개입해야 할 가장 적절한 시점인 '골든타임'을 구체적인 수치로 제시한다. 또한 정책 결정자의 성향을 면밀히 분석해 개인에게 맞춤화된 설득 전략을 세우는 데 기여한다. 더 나아가 생성형 AI(generative AI)는 설득력 있는 정책 보고서와 대국민 메시지를 즉시 만들어 내며, 온라인 캠페인의 효과를 최대한으로 끌어올린다. 이로써 '데이터 주도형 로비(data-driven lobbying)' 시대가 본격적으로 열린 것이다.

로비의 양면성과 사회적 제도화: 투명성과 효율성의 동시 추구

AI 기술 확산은 로비의 타기팅 방식, 접근 경로, 활용 매체 전반에 구조적 변화를 야기한다. 그러나 일부에서는 이러한 기술적 정교함이 로비를 더 은밀하고 조작적인 행위로 변질시킬 수 있다고 우려한다. 하지만 역설적으로, 디지털 전환은 로비를 더 투명하고 제도화된 영역으로 끌어올릴 기회를 제공한다.

모든 행위가 디지털 기록으로 남는 데이터 경제 시대에, 로비는 더는 음성적인 밀실 거래에 머물 수 없다. 공적 논의가 배제된 상태에서 힘의 논리로 정책이 결정될 때, 로비는 부정부패의 온상이 된다. 반면, 데이터에 기반해 논리적 근거를 갖추고 공개적인 절차를 통해 이루어지는 로비는 사회적 효율성을 제고한다.

로비 활동이 법과 제도의 틀 안에서 투명하게 공개되

면 이해 집단 간의 경쟁은 규정된 방식 안에서 관리 가능해지며, 이는 정책 결정 과정의 불공정성을 줄이는 효과를 가져온다. 로비가 불법적인 청탁으로 변질될 때, 조직의 의사소통은 단기적인 전술에 그치고 정치적 이해관계를 숨기거나 왜곡하는 수단으로 전락한다. 그러나 조직의 의사 결정이 객관적인 데이터와 합리적인 소통을 바탕으로 이루어질 때, 로비 행위는 사회적으로 인정받고 공적인 책임감(public accountability)을 강화하며 사회에 기여할 가능성을 넓힌다. 따라서 이 책은 로비를 단순히 이익만을 좇는 행위가 아니라 조직과 사회를 연결하는 '규범적 소통 장치'(오창우, 2015)이자, '퍼블릭 어페어즈(Public Affairs)'와 같은 더 포괄적인 전략적 틀 안에서 그 가치를 재평가한다. 결론적으로, 음성적인 로비는 정책 오류와 갈등 해결 지연이라는 큰 사회적 비용을 발생시키지만, 투명하게 제도화되고 고도화된 AI 로비는 불필요한 사회적 낭비를 줄이고 정책의 질을 향상시키는 데 크게 기여할 수 있다.

한국 사회의 특수성과 미래의 청사진

특히 한국 사회에서 이 책이 갖는 함의는 각별하다. 한국은 압축적 경제 성장 과정에서 권력, 행정 체계, 자본이 결합된 폐쇄적 의사 결정 구조가 강하게 작동해 왔다. 이는 합리적 공론 형성을 제약하는 요인이었고, 로비에 대한 부정적 인식을 고착화시키는 계기가 되었다. AI와 디지털 기술의 확산으로 정보 격차가 해소되는 오늘날의 환경에서, 로비를 여전히 '불법의 영역'으로만 간주하는 것은 시대착오적인 관점이다. 모든 행위가 기록되고 감시되는 기술적 조건 속에서 AI는 로비 활동을 투명한 '기록의 영역'으로 전환하는 결정적인 역할을 수행한다.

이 책《AI와 로비》는 AI 기술 혁명이 촉발한 로비 패러다임의 거대한 변화를 이론부터 실무, 윤리와 법제에 이르기까지 입체적으로 분석한 결과물이다. 전반부(1~2장)에서는 AI 시대 로비의 새로운 정의와 주체 변화, 로비를 퍼블릭 어페어즈 전략 속에 통합하는 이론적 토대를 마련한다. 중반부(3~6장)는 AI를 활용해 정책 이슈의 '골든타임'을 예측하고, 타깃 공중을 정밀하게 분석하며, 생성형 AI로 메시지를 작성하고 그 효과를 과학적으로 측정하는 구체적인 도구와 기법을 상세히 소개한다. 후반부(7~10장)는 미국, EU, 일본 등 글로벌 선진국의 AI 로비 관련 법제와 윤리 규제 동향을 분석하고, 이를 바탕으로 한국 로비 환경의 현실적 문제점과 개선 방안을 진단한다. 특히 데이터 접근성 한계와 법적 공백을 극복하기 위한 'AI 로비스트 등록제' 도입, '알고리즘 윤리 가이드라인' 제정 등 한국형 AI 로비 모델 구축을 위한 정책적 제언을 담았다. 마지막으로 결론(10장)에서는 AI가 아무리 발전해도 최종 판단과 윤리적 책임은 인간에게 있음을 강조하며, 인간과 AI의 협력적 거버넌스를 제안한다.

AI 시대의 로비는 기술적 진보를 넘어선 사회적 진보여야 한다. 이 책이 제시하는 AI 로비 전략은 단순히 로비스트가 승리하기 위한 기술적 매뉴얼이 아니다. 이것은 데이터와 과학에 기반해 정책 결정의 불확실성을 줄이고, 사회적 합의 비용을 낮추며, 궁극적으로는 더 나은 민주주의를 구현하기 위한 제안이라 할 수 있다.

한국 사회의 로비는 오랫동안 불신과 음성적 관행이라는 오명에서 벗어나지 못했다. 그러나 AI라는 강력한 도구는 이제 한국 로비가 이러한 낡은 틀을 벗어나 투명하고 책임감 있는 시스템으로 진화할 중요한 전환점을 제공한다. 이 책은 한국 로비의 실태를 객관적으로 진단하고, AI 기술을 활용하여 민주적 책임성을 확보하며 사회적 신뢰를 구축할 수 있는 미래 로비의 방향성을 제시하는 데 중요한 이정표가 될 것이다.

참고문헌

오창우(2015). 《로빙》. 커뮤니케이션북스.

Thomson, S. & John, S.(2007). *Public affairs in practice: A practical guide to lobbying*. Kogan Page.

01
AI 로비의 정의와 새로운 주체들

AI 기술은 로비의 패러다임을 관계 중심에서 데이터 기반의 예측 과학으로 전환시키고 있다. 이 장은 AI 로비의 개념을 정립하고, 전통적 로비스트를 넘어 데이터 과학자 및 플랫폼 기업 등 새롭게 부상한 기술적 주체들의 역할을 조명한다. 이를 통해 AI 시대 로비 생태계의 구조적 변화와 전략적 함의를 심층적으로 고찰한다.

기후 위기와 인공지능?

AI 로비의 개념적 정의와 특징: 전통과 혁신의 교차점

AI 로비는 머신러닝(machine learning), 자연어 처리(NLP), 예측 분석(predictive analytics) 등 고도화된 지능형 기술을 활용하여 입법 및 행정 의사 결정 과정에 개입하고, 공공 의제(public agenda) 형성 과정에서 전략적 우위를 점하려는 포괄적 커뮤니케이션 활동으로 정의할 수 있다. 이는 단순히 로비 업무 자동화를 의미하는 것이 아니고 '데이터 주도적 통찰(data-Driven Insights)'을 전략 수립의 핵심 기제로 삼는다는 점에서 직관과 경험에 의존하던 전통적 대인 로비와는 근본적인 방법론에서 뚜렷한 차이를 보인다. AI 로비는 단순한 화용론적 설득 기법에서 벗어나, 방대한 데이터 분석을 통해 정책 결정 과정의 변인 간 상관관계를 도출하고 이를 전략적 우위 확보에 활용하는 '알고리즘 기반의 인지적 조정 과정'으로서의 성격을 내포한다.

전통적 로비는 인적 네트워크와 직관에 기반한 '관계 중심의 게임'이다. 로비스트는 정책 결정자와의 개별적인 유대를 통해 신뢰를 구축하고 정보 비대칭성을 해소한다. 즉 '무엇을 아는가'보다 '누구를 아는가'가 성패를 결정짓는 핵심 자산이었다. 한편 AI 로비는 이와 달리

'데이터 자본(data capital)'을 중심으로 작동한다. AI는 방대한 양의 정형/비정형 데이터를 분석하여 패턴을 발견하고 예측 모델을 구축함으로써 '무엇이, 언제, 누구에게, 어떻게 효과적일 것인가'를 과학적으로 예측하고 실행하는 데 초점을 맞춘다. '어떻게 데이터 기반의 통찰을 얻고 활용하는가'가 핵심 경쟁력이 된다.

전통적 로비의 실행 방법은 주로 대면 미팅, 전화 통화, 이메일, 공식 행사 참석 등 직접적이고 개별적인 접촉 방식이 주를 이룬다. 설득 메시지 또한 로비스트 개인의 경험과 지식에 기반한 연설이나 자료 형태로 전달되며, 피드백 수집은 주로 비공식적인 대화나 미디어 반응을 통해 이루어진다.

AI 로비는 이 세 가지 차별적 특성인 예측적 접근, 초정밀 타기팅, 실시간 적응성을 기반으로 완전히 새로운 실행 방법론을 제시한다. 이는 대규모 데이터를 분석하고, 개인화된 메시지를 다수의 타깃에게 동시에 전달하며, 실시간으로 피드백을 수집하여 전략을 수정하는 디지털 중심의 프로세스를 포괄한다.

전통적 로비 프로세스는 대체로 선형적이고 순차적이었다. 이슈 파악 → 핵심 정책 결정자 식별(제한적) → 관계 형성 → 메시지 전달 → 결과 확인(비정량적) 순으로 진행되며, 각 단계는 상대적으로 독립적이었다. 환류 체계는 존재했으나 속도가 느리고 정확성이 떨어졌다.

AI 로비 프로세스는 훨씬 더 유기적이고 순환적이다. 데이터 수집 및 분석을 통한 이슈 예측 → AI 기반의 동적 이해관계자 매핑 및 초정밀 타기팅 → 생성형 AI를 활용한 개인화된 메시지 자동 생성 및 다채널 배포 → 실시간 반응 데이터 모니터링 및 효과 분석 → 즉각적인 전략 보정으로 이어지는 복합적인 환류 체계가 핵심이다. 이 과정에서 각 단계가 유기적으로 연결되어 지속적인 학습과 최적화가 이루어진다.

이처럼 AI 로비는 로비의 근본적인 목적(정책 영향력 행사)은 공유하되, 그 작동 방식과 실행의 효율성, 그리고 전략 수립의 과학성 면에서 전통적 로비와는 확연히 다른 궤도를 보여 준다. AI 로비의 차별적 특성은 예측적 접근, 초정밀 타기팅, 실시간 적응성이라는 세 가지 차원에서 구체화된다.

첫째, 예측적 접근(predictive approach)을 통한 전략적 선점이다. AI 로비는 의정 기록, 입법 예고안 등 정형 데이터와 뉴스, 소셜 미디어 트렌드 등 비정형 데이터를 융합 분석하여 특정 정책 이슈의 부상 가능성과 파급 효과를 시뮬레이션한다(Nay, 2017). 예를 들어, 입법자의 과거 발언 패턴이나 투표 성향을 학습한 알고리즘은 정책 개입의 성공 확률이 가장 높은 '결정적 시기(Critical Window)'를 정량적으로 도출한다. 이는 로비스트가 사후 대응이 아닌 선제적 의제 설정을 통해 한정된 자원을 가장 효과적인 시점과 대상에 집중 투입하도록 돕는다.

둘째, 초정밀 타기팅(hyper-targeting)을 통한 설득 기제 최적화다. AI는 정책 결정자의 공개 발언, 법안 발의 이력, 디지털 흔적 등을 입체적으로 분석하여 각 개인에게 최적화된 메시지 프레임을 구성한다(Kreiss, 2016). 이는 단순한 인구통계학적 분류를 넘어, 심리 · 성향적 프로파일링(psychographic profiling)을 통해 결정자의 가치관, 잠재적 선호, 정치적 니즈까지 파악하는 '마이크로 타기팅'을 구현한다. 결과적으로 개인화된 설득 논리는 메시지의 인지적 수용성을 높이고 로비 커뮤니케이션 효율성을 비약적으로 향상시킨다.

셋째, 실시간 적응성(real-time adaptability)에 기반한 민첩한 위기관리다. 현대 정책 환경의 유동성 속에서 AI 시스템은 실시간 소셜 리스닝(social listening)을 통해 뉴스나 대중 여론의 미세한 변화를 즉각적으로 감지하고 분석한다(Chadwick, 2017). 예를 들어, 특정 법안에 대한 부정적인 여론 확산을 감지하면 AI는 이를 로비팀에 알리고, 전략팀은 이러한 실시간 데이터를 바탕으로 캠페인 메시지를 동적으로 수정하거나 예상치 못한 반론에 선제적으로 대응함으로써 리스크를 관리한다. 여론의 움직임에 따라 로비 전략을 실시간으로 수정할 수 있어, 상황 변화에 훨씬 더 능동적으로 대처할 수 있게 된다.

로비 환경의 구조적 변화와 AI의 영향력

AI 도입은 정책 결정 과정의 정보 비대칭성을 완화하는 동시에 복잡성을 증대시키며 로비 환경의 구조적 변동을 야기한다. AI는 방대한 데이터를 처리하여 의미 있는 통찰을 추출하고, 정책 결정자들은 AI의 요약 정보와 예측 데이터를 의사 결정의 주요 준거로 삼는 경향이 강화된다(Glaeser & Shleifer, 2003). 이는 '증거 기반 정책(evidence-based policy)' 기조를 강화하며, 로비스트에게는 단순히 '관계를 아는 사람'이 아닌 '데이터를 활용하는 전문가'의 역할을 요구한다. 또한 AI는 다양한 사회 주체들에게 강력한 분석 도구를 제공함으로써, 정책 논의의 참여 장벽을 낮추고 공정한 경쟁 기반을 마련해 준다.

이러한 변화 속에서 로비스트 역할은 '정보 전달자'나 '관계 구축자'를 넘어 '데이터 해석자(data interpreter)'

이자 '알고리즘 전략가'로 진화한다. 현대 로비스트는 AI가 도출한 통찰을 정책 결정자의 언어로 번역하고, 정량적 데이터가 담지 못하는 정치적 맥락과 인간적 신뢰를 결합하는 '하이브리드 역량'이 필요하다. AI는 로비 영향력 채널을 다각화하고 합리성을 제고하지만, 동시에 알고리즘 편향이나 데이터 조작을 통한 여론 왜곡이라는 새로운 위험 요소도 내포한다. 따라서 로비스트는 기술적 역량과 더불어 윤리적 책임 의식을 갖춰야 한다.

AI 시대 로비의 새로운 주체: 기술적 조력자에서 핵심 파트너로

AI 기술 확산은 로비 생태계 내 행위자 범위를 확장시켜, 전통적 로비스트와 전문 기술을 보유한 새로운 전문가 집단이 유기적으로 결합하는 '팀 스포츠' 형태로 진화하게 한다. 이들 신규 주체는 단순한 기술 지원을 넘어 로비 성패를 좌우하는 핵심 동력으로 부상했다.

데이터 과학자와 분석가(data scientists & analysts)

이들은 AI 로비 전략의 인지적 기반(Cognitive Foundation)을 설계하고 구축한다. 입법 및 여론 데이터를 수집·가공하고 예측 모델을 구축하여, 입법 과정의 역학

관계를 수치화하고 잠재적 리스크를 식별한다. 이들의 정교한 모델링 결과는 전통적 로비스트의 직관을 보완하며, 로비 전략에 과학적 정당성과 논리적 근거를 부여한다. 이들은 로비 팀의 '지적 엔진' 역할을 담당한다.

AI 플랫폼 개발 및 운영사(AI platform providers)

이들은 정책 모니터링, 법안 통과 확률 예측, 이해관계자 네트워크 분석 등 로비 인프라(infrastructure)를 제공한다. 이들 플랫폼을 통해 정책 환경 변화를 실시간으로 감지하고 캠페인을 관리한다. 플랫폼의 알고리즘 설계 자체가 정보 노출 우선순위를 결정하여 정책 결정자의 인식에 간접적으로 개입하는 '알고리즘적 거버넌스(algorithmic governance)'의 주체로 작용하기도 한다(Lu, 2020). 이들은 로비 활동의 효율성과 과학성을 뒷받침하는 '기술적 근육' 역할을 한다.

AI 기반 디지털 캠페인 전문가(digital campaign specialists)

이들은 AI를 활용해 타깃 공중을 정밀 식별하고, 생성형 AI로 개인화된 콘텐츠를 대량 생산하여 소셜 미디어에 확산시킴으로써 여론을 조성하는 동원(mobilization) 전략의 핵심 수행자다. 이들의 전문성은 데이터에 기반하여 대중의 정치적 행동을 유도하고 이를 정책 결정 압박 수단으로 전환하며, 로비 전략을 대중에게 효과적으로 '전달하는 팔과 다리' 역할을 한다.

결론적으로, 이들 신규 주체 등장으로 로비의 역학은 기술 집약적(technology-intensive)으로 재편되고 있으며, 전통적 로비 개념으로는 포착하기 어려운 새로운 형태의 영향력을 행사한다. 이는 로비가 소수의 인적 네트워크를 넘어선, 기술과 데이터가 융합된 복합적인 사회적 상호작용으로 진화했음을 시사한다. AI 시대에도 로비의 궁극적인 본질, 즉 특정 목적을 위해 정책 결정에 영향을 미치려는 노력과 합법적인 이익 옹호 활동은 변하지 않는다.

그러나 로비를 수행하는 주체는 과거의 개별 로비스트나 소수의 관계자 그룹을 넘어 데이터 과학자, AI 플랫폼 개발자, 디지털 캠페인 전문가로 구성된 복합적인 팀으로 확장되었다. 이제는 이러한 전문가들이 협력하여 방대한 데이터를 분석하고 전략을 수립하는 '팀 스포츠' 형태가 AI 로비의 새로운 표준이 되고 있다. 또한 로비의 실행 방법 역시 단순히 인간적인 직관과 관계 중심의 접촉에서 벗어나 AI 기반의 예측적 분석, 초정밀 타기팅, 그리고 실시간 적응성이라는 혁신적인 방식으로 진화했다. 이는 설득의 과정이 더욱 과학적이고 정량적인 데이터를 기반으로 이루어짐을 의미한다. 동시에 정책 결정에 대한 접근 방식은 '누구를 아는가' 하는 인적 자본 중심의 사고에서 '어떤 데이터를 어떻게 효과적으로 활용하는가' 하는 기술 및 데이터 중심의 사고로 전환되었다.

따라서 AI 시대의 로비에서는 이들 신규 전문가 그룹과의 긴밀한 협력을 통해 데이터에 기반한 과학적이고 윤리적인 접근 방식을 체득하는 것이 경쟁 우위를 점하고 효과적인 영향력을 행사하는 데 가장 중요한 요소가 되었다. 더 나아가 기술적 효율성뿐만 아니라 AI 활용의 투명성, 알고리즘의 공정성, 그리고 인간 로비스트의 최종적인 윤리적 책임이라는 가치를 지속적으로 강조하는 것이 중요하다. 로비가 이제는 단순히 관계 관리를 넘어, 고도의 기술과 전략이 융합된 복합적인 행위임을 인식하고, 이를 민주적 절차의 신뢰성을 높이는 방향으로 이끌어 가야 할 것이다. 이들 전문가 그룹과의 협력 없이는 AI 시대의 로비에서 경쟁 우위를 점하기 어렵다.

참고문헌

Chadwick, A.(2017). *The hybrid media system: Politics and power (2nd ed.)*. Oxford University Press.

Glaeser, E. L. & Shleifer, A.(2003). The Rise of the Regulatory State. *Journal of Economic Literature, 41*(2), pp.401～425. https://www.jstor.org/stable/3216964

Kreiss, D.(2016). *Prototype Politics: Technology-Intensive Campaigning and the Data of Democracy*. Oxford University Press.

Lu, S.(2020). Algorithmic Opacity, Private Accountability, and Corporate Social Disclosure in the Age of Artificial Intelligence. *Vanderbilt Journal of Entertainment and Technology Law, 23*(1), pp.99～159. https://scholarship.law.vanderbilt.edu/jetlaw/vol23/iss1/3/

Nay, J. J.(2017). Predicting and understanding law-making with word vectors and an ensemble model. *PLOS ONE*, 12(5), e0176999. https://doi.org/10.1371/journal.pone.0176999

02
PA와 로비: 전략적 통합과 AI의 역할

현대 로비는 '퍼블릭 어페어즈(PA)'라는 거시적 전략 틀 안에서 작동할 때 효용이 극대화된다. 이 장은 PA 개념을 재정의하고, AI 기술이 환경 스캐닝, 이해관계자 매핑 등 PA 전반을 어떻게 고도화하는지 분석한다. 나아가 AI 로비와 PA 전략의 유기적 통합을 통해 조직의 사회적 정당성을 확보하고 지속 가능성을 높이는 방안을 제시하고자 한다.

노래하는 AI 보컬?

PA의 개념과 현대 로비 환경에서의 위상

퍼블릭 어페어즈(PA)는 기업이 가격과 품질로 경쟁하는 시장 환경을 넘어, 정부의 규제나 사회적 평판처럼 조직의 운명을 좌우하는 외부 요인들에 선제적으로 대응하는 전사적 소통 전략으로 정의할 수 있다. 이는 협의의 정부 관계(government relations, GR)를 넘어 미디어 관계, 지역 사회 관여, 이슈 관리(Issue Management), 그리고 기업의 사회적 책임(corporate social responsibility, CSR)을 아우르는 포괄적인 전략적 우산(strategic umbrella)이다(Broom & Sha, 2012).

전통적으로 PA는 기업이 직접적인 시장 경쟁 외적으로 마주하는 정치, 법률, 사회적 압력을 관리하고 기업 활동에 우호적인 여건을 조성하는 역할을 해 왔다. 경영학적 관점에서 PA는 조직이 사회적 정당성(legitimacy)을 획득하고 운영 리스크를 최소화하기 위한 필수적인 '비시장 전략'의 핵심이다(Baron, 1995). 이는 기업이 사회 구성원으로서 윤리적 책임을 다하고, 이해관계자들과의 관계를 통해 지속 가능한 발판을 마련하는 데 필수적인 기능이다.

전통적 로비가 특정 사안의 성패를 목적으로 하는 단기적 전술이었다면, 현대 로비는 PA라는 거시적 프레임워크 내에서 조직의 대외적 생존과 성장을 도모하는 통합적 전략의 일환으로 기능한다. 즉, 로비는 조직의 장기적인 명성을 훼손하지 않으면서 우호적인 정책 생태계를 조성하는 PA의 핵심 수단으로 기능한다. 예를 들어, 특정 기업의 신기술이 규제 당국의 제약을 받을 때, 단순히 법안 통과만을 목표로 로비하는 것이 아니라, 해당 기술이 가져올 사회적 편익(일자리 창출, 환경 개선 등)을 폭넓게 홍보하고, 관련 시민 단체와 협력하여 사회적 정당성을 확보하는 활동까지 포괄하는 것이 현대적 PA의 로비 방식이다. AI 시대에 이러한 PA적 접근이 필수적으로 요구되는 이유는 다음과 같다.

첫째, 정보 환경의 초연결성으로 인해 이슈 확산 속도가 빨라져 선제적 위기 탐지(early warning)가 필수적이다. 과거에는 특정 이슈가 공론화되는 데 시간이 걸렸지만, 소셜 미디어와 온라인 커뮤니티를 통해 부정적 여론이나 잠재적 위기 이슈가 순식간에 확산될 수 있다. PA는 이러한 미세한 '약한 신호(weak signals)'를 조기에 감지하고 분석하여, 위기가 표면화되기 전에 선제적으로 대응 시나리오를 수립하고 메시지를 조절함으로써 조직의 명성을 보호해야 한다.

둘째, 정책 네트워크에 관여하는 이해관계자가 다원

화됨에 따라 이들의 역학관계를 분석하는 정교한 매핑이 요구된다. 과거에는 정부 관료나 국회의원 등 소수 핵심 결정권자 위주로 관계 관리가 이루어졌으나, 이제는 시민 단체, 언론, 학계, 유권자, 소셜 인플루언서 등 다양한 행위자들이 정책 결정에 막대한 영향력을 행사한다. PA는 이들 간의 복잡한 연결망과 상호작용을 파악하여 누가 어떤 이슈에 영향력을 행사하는지, 이들의 잠재적 우호 또는 적대 관계는 어떠한지 정교하게 분석해야 효과적인 로비 전략을 수립할 수 있다.

셋째, ESG 경영 등 윤리적 투명성에 대한 사회적 요구가 증대됨에 따라 로비 활동 또한 사회적 책임과 정합성을 가져야 하기 때문이다. 단순한 법적 준수를 넘어 기업의 사회적 책임과 지속 가능성이 중요시되는 시대적 흐름 속에서, 로비 활동 역시 '밀실 청탁'이라는 부정적 이미지에서 벗어나 공개적이고 윤리적인 방식으로 수행되어야 한다. PA는 로비 활동이 조직의 장기적인 가치와 사회적 기여라는 더 큰 그림 안에 통합되도록 관리하며, 데이터 기반의 투명한 활동을 통해 그 정당성을 입증해야 한다. 이는 궁극적으로 조직의 신뢰도를 높이고, 잠재적인 사회적 비판과 충돌을 예방하는 역할을 한다.

PA 전략의 재구성: 데이터 기반의 고도화

AI 기술 도입은 경험과 직관에 의존하던 PA 업무 프로세스를 데이터 기반의 과학적 프로세스로 혁신하며 전략 재구성을 견인한다. AI는 방대한 비정형 데이터를 실시간으로 처리하고 분석하여 PA 전문가의 의사 결정 속도와 정확성을 비약적으로 향상시킨다(Zerfass et al., 2020). 이를 통해 PA는 과거의 수동적, 반응적 대응을 넘어 예측적이고 능동적인 전략 수립이 가능해진다.

지능형 이슈 탐지 및 환경 스캐닝(environmental scanning)

AI 기반 소셜 리스닝 및 뉴스 분석 도구는 디지털 공간의 방대한 담론을 실시간으로 모니터링한다. 자연어 처리(NLP) 기술은 단순한 키워드 매칭을 넘어 문맥과 감성(sentiment)을 분석하여 잠재적 이슈의 '약한 신호(weak signals)'를 포착한다. 예를 들어, 특정 화학 물질 사용에 대한 온라인 커뮤니티 게시물 수가 급증하고 부정적 감성이 뚜렷해지는 것을 AI가 감지하면, 이는 해당 물질에 대한 규제 강화 움직임으로 이어질 수 있는 초기 징후로 해석될 수 있다. PA 팀은 AI가 제공하는 분석 리포트를 통해 특정 정책 이슈가 사회적 위기로 비화하기 전에 선제적으로 대응 시나리오를 수립하게 하는 '예측적 이슈 관리'를 가능케 한다. 이는 단순히 문제 발생 후 해결하는 차원을 넘어, 잠재적 위기를 사전에 파악하여 완화하거나 심지어 기회로 전환할 전략적 시간을 확보하는 것을 의미한다.

동적 이해관계자 매핑(dynamic stakeholder mapping)

AI는 정책 결정자, 오피니언 리더, 활동가 그룹의 발언, 투표 기록, 연구 논문, 언론 인터뷰, SNS 네트워크 연결망을 입체적으로 분석한다. 이를 통해 각 이해관계자의 조직에 대한 태도(우호/적대/중립)와 영향력(Power)을 정량적으로 산출하고, 시시각각 변화하는 역학 관계를 시각화한다. 예를 들어, AI는 특정 의원이 과거 유사 법안에 대해 찬성 또는 반대했던 기록뿐만 아니라 그의 소셜 미디어 활동에서 특정 단체와 긴밀한 관계를 맺고 있음을 파악할 수 있다. 이를 통해 PA 전문가는 핵심 이해관계자에게 자원을 집중하거나 잠재적 우군을 발굴하며, 반대 진영의 연대 가능성까지 예측하는 정교한 관계 관리 전략을 수립한다. '동적(dynamic)'이라는 표현처럼 AI는 고정된 인맥도를 제공하는 것이 아니라 이슈의 변화에 따라 달라지는 영향력 지형을 실시간으로 업데이트하여 보여줌으로써 PA 전문가가 항상 최신의 정보를 바탕으로 의사 결정을 내릴 수 있도록 돕는다.

메시지 프레이밍 최적화(optimization)

생성형 AI(generative AI)는 타깃 공중의 특성과 성향에 맞춰 메시지의 어조와 분위기를 최적화한다. AI는 과거 성공한 정책 브리프나 캠페인 데이터를 학습하여, 입법가에게는 논리적이고 실증적인 통계 및 법률적 근거를 강조하는 메시지를, 일반 대중에게는 감성적이고 호소력 짙은 스토리텔링 기반 메시지를 각각 생성한다. 예를 들어, 신산업 규제 완화를 주장할 때, 특정 정치 성향의 의원에게는 '국가 경제 성장과 혁신 기업 유치'라는 프레임을, 다른 성향의 의원에게는 '청년 일자리 창출과 미래 성장 동력 확보'라는 프레임을 AI가 제안할 수 있다. 이는 이해관계자별 맞춤형 설득 논리(tailored argumentation)를 제공하여 PA 커뮤니케이션 효율을 극대화한다. AI는 특정 그룹이 선호하는 단어, 문장 구조, 심지어 이미지까지 추천하여 메시지의 효과를 극대화하는 수준으로 발전했다.

AI 기반 PA 캠페인 사례 분석

AI는 실제 PA 캠페인 현장에서 다음과 같이 지능적인 문제 해결과 전략 최적화를 가능하게 했다.

신기술 도입을 위한 공중 인식 개선 및 규제 완화 캠페인

한 자율주행 기술 개발 기업이 대중의 불안감과 정부의 엄격한 규제로 인해 상용화에 어려움을 겪고 있었다. 전통적인 방식으로는 대규모 설명회나 언론 광고를 진행할 수밖에 없었으나, PA팀은 AI를 활용해 캠페인을 기획했다. 첫째, AI 기반 환경 스캐닝을 통해 소셜 미디어와 뉴스 기사를 분석, 자율주행 기술에 대한 대중의 부정적 감성(두려움, 불신 등)을 유발하는 핵심 키워드(사고, 안전성 문제)와 긍정적 키워드(편의성, 미래 기술)를 파악했다. 둘째, 동적 이해관계자 매핑으로 대중을 세분화했다. 특히 기술 수용성이 높은 초기 사용자 그룹과 안전에 민감한 고령층, 그리고 지역별로 다른 인식 패턴을 보이는 그룹을 식별했다. 셋째, 생성형 AI를 통한 메시지 최적화로 각 그룹에 맞는 콘텐츠를 개발했다. 기술 수용층에게는 '혁신성'과 '미래 이동성의 변화'를 강조하는 메시지를, 안전에 민감한 그룹에게는 '다중 센서 기반의 이중 안전장치'와 '사고 감소 효과 데이터'를 중심으로 한 과학적 데이터를 담은 콘텐츠를 생성했다. 또한 규제 당국 관계자들에게는 해외의 성공적인 도입 사례와 경제적 파급 효과를 강조한 심층 브리핑 자료를 AI가 자동으로 요약,

제공했다. 이러한 AI 기반 접근 덕분에 기업은 비효율적인 광범위 홍보 대신, 핵심 공중에게 맞춤형 메시지를 전달하여 대중 인식 개선과 규제 당국의 유연한 검토를 이끌어낼 수 있었다. 결과적으로 해당 기술에 대한 사회적 수용도를 높이고 파일럿 프로젝트 허가를 획득하는 데 기여했다.

친환경 에너지 전환 정책 지지 여론 조성 캠페인

한 환경 단체가 특정 지역에서 화석 연료 기반 발전소 건설에 반대하고 신재생 에너지로의 전환을 촉구하는 캠페인을 전개했다. 그러나 지역 주민들의 경제적 피해 우려와 정치권의 미온적인 태도로 난항을 겪었다. 첫째, AI 기반 이슈 탐지로 지역 커뮤니티와 지역 언론에서 발전소 건설에 대한 논쟁 지점(경제적 효과 vs. 환경 문제)과 여론의 감성 추이를 실시간으로 분석했다. 특히 온라인에서 활동하는 오피니언 리더들과 이들의 팔로워 네트워크를 AI가 식별했다. 둘째, 동적 이해관계자 매핑을 통해 지역 주민들을 경제적 이익에 민감한 그룹, 환경 문제에 관심이 많은 그룹, 그리고 보수/진보 등 정치적 성향에 따라 세분화했다. 나아가 지역구 국회의원, 지방 의원, 지역 시민 단체 대표 등 주요 정책 결정 및 영향력 행사자들의 스탠스와 영향력 점수를 AI가 산출했다. 셋째, 생성형 AI 기반 메시지 최적화로 각 타깃에게 최적화된 설득 메시지를 개발했다. 경제적 이익을 우려하는 주민들에게는 AI가 예측한 신재생 에너지 산업 유치 시 창출될 지역 일자리 수와 경제 활성화 효과를 구체적으로 제시했다. 환경 문제에 민감한 그룹에게는 화석 연료 발전소가 환경오염에 미치는 장기적 영향과 주민 건강 피해 통계를 AI가 생성한 그래프와 인포그래픽 형태로 제공했다. 또한 지역 정치인에게는 지역구 유권자들의 AI 분석 기반 지지율 상승 가능성과 환경 정책 선도 이미지가 가져올 정치적 이득을 담은 보고서를 전달했다. 이 캠페인은 AI의 정교한 데이터 분석과 맞춤형 소통 전략을 통해 지역 주민들의 공감대를 얻고, 지역 정치권의 변화를 이끌어내어 최종적으로 신재생 에너지 전환 정책 추진에 긍정적인 영향을 미쳤다. 이는 AI가 단체의 전략적 목표 달성을 넘어, 지역 사회 공론 형성과 민주적 의사 결정 과정에 기여하는 PA 기능을 성공적으로 수행한 사례다.

AI 로비와 PA의 전략적 통합과 시너지

AI 기반 로비는 독립된 기능이 아니라 PA의 전략적 목표와 통합될 때 진정한 가치를 발휘한다. AI 로비 활동을 통해 수집된 데이터–정책 입안자의 반응, 여론의 추이, 경쟁사의 움직임, 미디어 프레이밍의 변화 등–는 조직

전체의 대외 전략을 수정하고 고도화하는 핵심 환류 체계(feedback loop)로 작용한다. AI 로비는 더 이상 단순히 단기적인 법안 통과나 저지를 위한 전술을 넘어, PA가 지향하는 장기적인 조직의 평판 관리와 사회적 정당성 확보에 기여하는 전략적 도구로 자리매김한다.

예를 들어, AI 로비 캠페인을 통해 특정 환경 규제에 대한 부정적 여론이 감지될 경우, PA 팀은 AI 분석 결과를 바탕으로 이 문제가 단순한 오해에서 비롯된 것인지, 아니면 조직의 사업 방식 자체에 대한 근본적인 불만에서 시작된 것인지 심층적으로 파악할 수 있다. 만약 후자라면, PA 팀은 이를 즉각적으로 반영하여 조직의 CSR 활동 방향을 조정하거나, 자발적으로 더욱 엄격한 환경 보호 정책을 도입하는 선제적인 자율 규제안을 발표함으로써 리스크를 완화하고 기업 이미지를 개선할 수 있다. 이처럼 AI는 로비의 '단기적 정책 성과'와 PA의 '장기적 명성 관리'를 연결하는 가교 역할을 수행한다. 또한 데이터에 기반한 투명한 로비 활동은 조직이 밀실 협상이 아닌 공개적이고 합리적인 절차를 준수하고 있음을 입증하는 근거가 되어, 결과적으로 조직의 사회적 신뢰 자본(social capital)을 축적하는 데 기여한다. 이는 과거처럼 로비스트의 개인적 인맥에 의존하는 불투명한 로비가 아닌, 데이터를 기반으로 한 공정하고 합리적인 정책 소통의 시대를 열어주는 역할을 한다.

한국적 맥락에서 PA의 확장과 AI의 기여

한국 사회에서 퍼블릭 어페어즈(PA)는 기업의 지속 가능한 성장을 위한 폭넓은 전략임에도 불구하고, 실제로는 정부와의 관계를 관리하는 '대관(對官) 업무'라는 기능적 역할에만 국한하여 이해되거나, 나아가 불법적인 '로비'와 같은 부정적인 이미지로 치부되는 경향이 강했다. 과거 권위주의적 의사 결정 구조 속에서 특정 인맥과 관계에 의존하는 비공식적 관행이 만연했던 배경이 이러한 인식에 깊게 영향을 미쳤다. 그 결과 PA의 진정한 전략적 가치가 제대로 발현되지 못하고, 합리적인 공론 형성보다는 은밀한 이해관계 조율에 머무는 한계를 보여 왔다. 이러한 현실은 기업의 건전한 대외 활동을 제약하고, 정책 결정 과정의 투명성을 저해하는 요인으로 작용해 왔다.

그러나 권위주의적 행정 관행이 약화되고 정책 과정의 민주적 통제가 강화되는 현 시점에서, AI 기술은 한국형 PA 선진화를 앞당기는 중요한 기폭제가 될 수 있다. AI는 한국 특유의 '인맥 중심(human network)'의 비공식 로비 관행을 객관적인 데이터와 과학적 분석에 기반한 공식적 시스템으로 전환하는 데 결정적으로 기여한다. 예를 들어, 특정 지역의 개발 사업과 관련하여 '누구를 아는가'에 의존하던 방식에서 벗어나, AI가 해당 지역의 유권자 선호도, 지역 현안에 대한 여론 동향, 관련 의원들의 과거 발언 및 투표 기록 등을 종합적으로 분석하여 최적의 설득 논리와 접근 채널을 제시할 수 있다. AI가 제공하는 데이터와 정교한 정책 분석 결과는 학연이나 지연 같은 비합리적 요소가 아닌, '논리와 근거'를 중심으로 정책 결정자를 설득하도록 유도하기 때문이다. 이는 정책 과정의 투명성을 제고하고, 다양한 이해관계자의 목소리를 균형 있게 반영하는 포괄적인 의사 결정 구조를 촉진한다. 결론적으로 AI 기술 접목은 한국 로비 문화를 음성적 청탁의 영역에서 과학적이고 윤리적인 PA의 영역으로 승격시키며, 이는 한국 민주주의의 성숙과 기업 시민 의식(corporate citizenship)의 고양으로 이어질 것이다. 이러한 변화는 궁극적으로 정책 결정의 효율성을 높이고 사회적 신뢰를 구축하며 더욱 합리적이고 공정한 사회로 나아가는 중요한 기반이 될 것이다.

참고문헌

Baron, D. P.(1995). Integrated strategy: Market and nonmarket components. *California Management Review, 37*(2), pp.47~65. https://doi.org/10.2307/41165788

Broom, G. M. & Sha, B. L.(2012). *Cutlip and Center's Effective Public Relations (11th ed.)*. Pearson.

Zerfass, A. et al.(2020). Artificial intelligence in communication management: A cross-national study on adoption and knowledge, impact, challenges and risks. *Journal of Communication Management, 24*(4), pp.377~389. https://doi.org/10.1108/JCOM-10-2019-0137

03
타기팅의 진화: AI로 초세분된 목표 공중의 설정

로비 성패는 정교한 타기팅에 달려 있다. 이 장은 AI 기반의 초세분화 기술을 활용하여 정책 네트워크 내 은밀한 영향력 행사자와 잠재적 옹호 공중을 식별하는 방법론에 관한 것이다. 네트워크 분석과 자연어 처리를 통해 로비 자원 투입 효율을 극대화하고, 최적의 개입 시점을 포착하는 과학적 타기팅 전략을 제시하고자 한다.

인공지능과 편향?

AI 기반 초세분화의 등장과 전략적 가치

전통적 로비는 입법 과정의 핵심 문지기(gatekeeper) 역할을 수행하는 상임위원장이나 정당 지도부와 같은 공식적 정책 결정권자(formal policymakers)를 핵심 타깃으로 삼아 전개되었다. 대중을 대상으로 한 옹호 활동(grassroots lobbying) 또한 인구통계학적 특성에 기반하여 불특정 다수에게 메시지를 전달하는 '매스 커뮤니케이션(mass communication)' 방식에 의존하였다. 예컨대 특정 산업의 이익을 대변하기 위해 범용적인 광고를 집행하거나 유권자 전체에게 획일화된 정책 브리핑을 배포하는 식의 고비용 구조를 띠었다. 그러나 정책 환경이 고도로 다원화(pluralized)되고 파편화(fragmented)된 현대 사회에서 이러한 거시적 접근은 투입 자원 대비 효용성(cost-effectiveness)의 저하를 초래한다. 오늘날의 정책 결정 메커니즘은 공식적 위계질서보다는 결정적 표를 행사하는 소수의 '캐스팅 보터(casting voter)'나 특정 사안에 높은 관여도를 보이는 '이슈 공중(issue publics)'의 동태적 영향력에 의해 좌우되는 경향이 짙기 때문이다. 결과적으로 기존의 전통적 방식은 정책 네트워크 내의 잠재적이고 복합적인 미시 역학(micro-dynamics)을 포착하고 대응하는 데 구조적 한계를 드러낸다.

AI를 활용한 초세분화(Micro-segmentation)는 무차별적 접근에 따른 자원 낭비를 막고 효율성을 극대화하는 혁신적인 대안이다. AI는 데이터를 실시간으로 추적하여 정책 흐름을 주도하는 '영향력자'와 우리 편이 되어줄 '잠재적 옹호 공중'을 개인 단위까지 미시적으로 식별해 낸다. 더불어 각 대상의 영향력을 수치화된 정량 지수로 제시함으로써 데이터에 기반한 정교한 전략 수립을 가능하게 한다. 이를 통해 로비스트는 불특정 다수를 향한 비효율적 자원 투입에서 벗어나, 정책의 향배를 결정짓는 '최소 유효 집단'을 정밀 타격(Pinpoint Targeting)할 수 있다. 이는 제한된 자원으로도 정책 결과의 변곡점을 만들어 내는 전략적 레버리지(Strategic Leverage)를 창출한다. 특히 AI를 활용한 초세분화 기술은 단순한 사회 경제적 지위(SES)를 넘어 개인의 정치적 성향, 이슈 관여도, 온라인 행동 패턴 및 심리적 기제(Psychological mechanisms)를 입체적으로 포착함으로써 최적의 설득 지점을 타기팅하는 데 기여한다(Matz et al., 2017). 예를 들어, 특정 법안에 대해 중립적인 입장이지만 과거 환경 관련 이슈에 민감하게 반응했던 의회 의원이 있다면, AI는 그에게 환경적 관점에서 법안을 재해석한 맞춤형 자료를 제공하도록 추천하는 식이다. 이러한 개인화된 접근은 메시지 전달의 효과를 극대화하고 로비 활동의 정교함을 한 차원 높여 준다.

사례. 데이터 기반 시민 단체 정책 변화 캠페인

한 시민 단체가 플라스틱 사용 규제 강화를 목표로 캠페인을 진행했다. 과거에는 언론 홍보와 서명 운동 같은 대규모 캠페인에 의존했지만, AI 기반 초세분화 기술을 도입하며 전략을 변화시켰다. 첫째, AI는 온라인 게시판, 소셜 미디어 댓글, 뉴스 기사 감성 분석을 통해 플라스틱 규제에 대한 여론을 '찬성-중립-반대'로 분류하고, 각 그룹이 주로 활동하는 온라인 커뮤니티와 핵심 관심사(환경 보호, 기업 규제, 소비자 편익 등)를 파악했다. 둘째, '중립' 그룹 내에서도 '환경 보호에는 동의하지만 개인적 불편을 우려하는 층'과 '기업의 부담 증가를 우려하는 층'으로 세분화했다. 셋째, AI는 각 세분화된 그룹의 성향에 맞춰 메시지 프레임을 최적화했다. 전자의 중립층에게는 '친환경 대체재의 편의성 및 실생활 적용 사례'를 중심으로 한 비주얼 콘텐츠를, 후자의 중립층에게는 '장기적인 환경오염 비용 감소로 인한 기업 경쟁력 강화'에 대한 경제적 분석 자료를 맞춤형으로 제공했다. 이러한 AI 기반 초세분화 전략은 시민 단체가 한정된 자원으로 잠재적 지지층의 행동 변화를 유도하고, 정책 결정자들이 무시할 수 없는 수준의 정교한 여론 지형을 형성하는 데 기여했다. 이는 불특정 다수에게 획일적인 메시지를 제시하는 방식보다 훨씬 효과적이며 로비 성과를 높이는 데 결정적인 역할을 했다.

정책 결정 네트워크 내 핵심 플레이어 및 공중의 식별

AI는 공식적인 직책 정보를 넘어, 실제 정책 담론이 형성되고 유통되는 비공식적 역학 관계를 파악하여 네트워크의 숨겨진 실세(hidden power)를 찾아내는 데 유용하다.

그래프 신경망(GNNs)을 활용한 네트워크 역학 분석

AI 알고리즘은 의정 활동 기록과 같은 제도적 데이터와 소셜 미디어상의 디지털 흔적(digital footprints)을 융합한다. 이러한 입체적 분석을 통해 눈에 보이지 않는 영향력의 흐름까지 포착하는 고해상도의 정책 네트워크 지도(map)를 완성한다. 구체적으로 AI는 그래프 신경망(GNNs)을 적용하여 누가 가장 많은 연결고리를 가졌는지(연결 중심성)뿐만 아니라 누가 정보의 흐름을 장악하고 있는지(매개 중심성)를 분석한다(Hamilton, 2020).

특히 매개 중심성이 높은 인물은 그룹과 그룹을 이어주는 '정보의 문지기(gatekeeper)'이자 '중개자(broker)' 역할을 수행한다. 따라서 이들을 우선적으로 공략하는 것이야말로 로비 효과를 가장 빠르고 광범위하게 확산시키는 전략적 지름길이다(Borgatti et al., 2018). 예를 들어, AI는 특정 경제 법안의 통과에 결정적인 영향을 미치는 브로커 역할을 하는 A의원을 식별해 준다. A의원은 직접적인 법안 발의자가 아니지만 재계 인사들과 시민단체, 그리고 당내 비주류 의원들 사이에서 의견을 조율하고 정보를 전달하며 합의를 이끌어내는 핵심 연결고리 역할을 하는 것으로 분석될 수 있다. 로비스트는 이 A의원을 통해 자신들의 메시지가 효과적으로 각 진영에 전달될 수 있도록 전략을 수립하게 된다.

자연어 처리(NLP)를 통한 스탠스(Stance) 예측

AI의 NLP 알고리즘은 정책 결정자의 과거 발언이나 디지털 흔적(digital footprints)을 텍스트 마이닝하여 그들의 내재된 정책 선호와 감성적 성향을 정량적으로 추출한다. 이 분석의 핵심 목표는 외부 자극에 민감하게 반응하여 태도를 바꿀 수 있는 '결정적 부동층'을 식별하는 데 있다. AI는 타깃이 선호하는 논리적 프레임(경제, 공정, 안전 등)에 맞춰 개인화된 설득 전략을 제안하는 한편, 강성 반대자의 논리를 사전에 예측하여 효과적인 방어 및 대응 논리를 마련하도록 돕는다. 예를 들어, AI는 B의원의 지난 5년간 발언 데이터를 분석하여 그가 '환경 보호'와 '지역 균형 발전'이라는 두 가치를 매우 중요하게 여기지만, 동시에 '산업 경쟁력 약화'에 대한 우려도 가지고 있음을 파악할 수 있다. 로비스트는 B의원에게 제안할 정책 대안이 '친환경적이면서도 지역 경제 발전에 기여할 수 있다'는 점을 강조하는 메시지를 준비하게 된다.

핵심 공중의 동원 잠재력 및 미디어 영향력 측정

정책은 대중 여론과 미디어 의제 설정(agenda-setting)의 결과물이기도 하다. AI 기반 소셜 네트워크 분석(SNA)은 온라인 커뮤니티와 SNS에서 이슈 확산을 주도하는 '허브(hub)'를 식별한다. 단순히 팔로워 수가 많은 인플루언서가 아니라 메시지의 감성적 전파력과 행동 유발력이 높은 '마이크로 인플루언서'에게 동원 잠재력 점수(mobilization potential score)를 부여한다. 이들은 특정 이슈에 대한 전문성이나 깊은 이해를 바탕으로 팔로워들에게 강력한 영향력을 행사하며 작은 규모의 네트워크에서도 실제적인 행동 변화를 이끌어낼 수 있다.

또한 뉴스 빅데이터 분석을 통해 특정 이슈 프레임을 선도하고 후속 보도에 영향을 미치는 핵심 저널리스트(예: 특정 분야 전문 기자, 칼럼니스트)를 식별하여, 로비스트가 최적의 미디어 릴레이션 경로를 확보하도록 돕는다(McCombs, 2014).

사례. 신약 개발 기업의 환자 그룹 대상 인지 확산 캠페인

한 제약 회사가 난치병 신약을 개발했으나 복잡한 인허가 절차와 높은 비용으로 인해 환자 그룹 내 인지도가 낮았다. 기업은 AI를 활용하여 환자 및 가족 커뮤니티 내 '핵심 공중'을 타기팅했다. 첫째, AI 기반 NLP를 활용하여 온라인 환우 카페, 질병 관련 블로그, SNS 그룹 등을 분석했다. 이를 통해 환자와 가족들이 주로 사용하는 의학 용어, 질병 관련 키워드, 그리고 치료 과정에서 겪는 정서적 어려움과 가장 중요하게 여기는 가치(생명 연장, 삶의 질 개선, 비용 부담 등)를 추출했다. 둘째, 소셜 네트워크 분석(SNA)을 통해 각 커뮤니티 내에서 영향력 있는 '마이크로 인플루언서'들(예: 오랜 투병 경험을 공유하며 다른 환자들에게 정보를 주는 블로거, 커뮤니티 운영자)을 식별하고, 이들의 게시물에 대한 반응(좋아요, 공유, 댓글)을 분석하여 '동원 잠재력 점수'를 산출했다. 셋째, 제약 회사는 이러한 분석을 바탕으로 단순한 신약 정보 제공이 아닌, AI가 파악한 환자 및 가족들이 중요하게 여기는 가치에 부합하는 '희망과 삶의 질 향상'에 초점을 맞춘 스토리텔링 콘텐츠를 제작하여 마이크로 인플루언서들을 통해 확산했다. 또한 신약의 과학적 근거를 설명할 때도 환자 가족들이 이해하기 쉬운 언어와 비유를 사용하도록 AI가 메시지를 최적화했다. 이 캠페인은 AI 타기팅 덕분에 한정된 예산으로 특정 질병을 앓는 환자 그룹에게 매우 효과적으로 신약 정보를 전달하고, 규제 당국에도 환자 커뮤니티의 잠재적 지지 여론을 보여줌으로써 인허가 및 보험 적용 논의 과정에서 긍정적인 영향을 미칠 수 있었다.

AI 타기팅 기반 로비 자원의 최적화 및 성과 측정

AI 기반 초세분화는 로비 활동의 투명성과 효율성을 제고하는 결정적 도구다. 이는 로비 활동이 더 이상 불확실한 도박이 아닌, 데이터에 기반한 정밀한 과학적 접근으로 변화하고 있음을 보여 준다.

메시지 프레이밍의 개인화(personalization)

AI는 타깃별 성향 분석 결과를 바탕으로 메시지 전략을 차별화한다. 예컨대 동일한 환경 규제 이슈라도 보수 성향 결정자에게는 '규제 준수에 따른 장기적 비용 절감'이라는 경제적 프레임을, 진보 성향 결정자에게는 '미래 세대를 위한 사회적 가치 실현'이라는 규범적 프레임을 적용함으로써 메시지 수용도를 극대화하고 심리적 저항을 최소화한다. 이는 각 타깃이 가진 기존 신념 체계와 충돌하지 않으면서 메시지를 효율적으로 침투시키는 데 핵심적인 역할을 한다. AI는 수백, 수천 가지의 메시지 조합을 시뮬레이션하고, 특정 타깃 그룹에 가장 높은 반응을 이끌어낼 수 있는 최적의 프레임을 제안해 준다.

전략적 자원 배분(resource optimization)

AI가 산출한 '영향력 점수'와 '동원 잠재력 점수'를 결합한 '전략적 우선순위 지수(strategic priority index)'는 로비 자원 배분의 나침반이 된다. 로비스트는 이 지수에 따라 한정된 시간과 예산을 정책 변화 가능성이 가장 높은 타깃(예: 정책적 영향력은 높으나 아직 입장이 확고하지 않은 의원, 특정 이슈에 대한 대중 동원 잠재력이 높은 마이크로 인플루언서)에 집중 투입함으로써 '비용 효율적 로비'를 구현한다. 과거에는 모든 중요한 관계자에게 균등하게 자원을 배분하거나, 중요하지만 설득하기 어려운 대상에게 불필요하게 많은 자원을 낭비하는 경우가 많았다. AI는 이러한 낭비를 최소화하고 자원 배분의 전략적 합리성을 높이는 데 기여한다.

성과 측정(ROI)의 정량화

로비는 그동안 성과 측정이 모호한 영역이었다. 특정 법안의 통과나 정책 변화가 과연 로비 활동 때문이었는지, 아니면 시대적 흐름이나 다른 요인 때문이었는지 명확히 가리기 어려웠기 때문이다. 그러나 AI는 활동 전 산출된 타깃의 초기 입장 점수와 활등 후 변화된 입장 점수(예: 스윙 보터의 60%가 긍정 전환)를 비교 분석하고, 여기에 미디어 보도량 변화, 소셜 미디어 감성 변화, 관련 공청회 참가자 수 변화 등 다양한 지표를 종합하여, 캠페인의 투자 수익률(ROI)을 정량적 지표(KPI)로 제시한다. 이는 로비 활동의 투명성을 담보하고, 데이터에 근거하여 전략을 수정・보완하는 '전략적 환류 체계(strategic feedback mechanism)'를 구축한다. 예를 들어, 특정 법안의 표결 직전 AI 분석을 통해 예상되는 결과와 실제 결과 간의 차이를 분석하여, 로비 활동이 실제 의원들의 표심에 얼마나 영향을 미쳤는지 구체적인 수치로 보고할 수 있다.

참고문헌

Borgatti, S. P. et al.(2018). *Analyzing social networks (2nd ed.).* SAGE Publications.

Hamilton, W. L.(2020). *Graph Representation Learning.* Morgan & Claypool Publishers. https://www.google.com/url?sa=E&source=gmail&q=https://doi.org/10.2200/S01045ED1V01Y202009AIM048

McCombs, M. E.(2014). *Setting the agenda: The mass media and public opinion (2nd ed.).* Polity Press.

Matz, S. C. et al.(2017). Psychological targeting as an effective approach to digital mass persuasion. *Proceedings of the National Academy of Sciences,* 114(48), 12714~12719. https://doi.org/10.1073/pnas.1710966114

04
로비의 실행: AI 방법론과 도구

성공적인 로비는 타기팅 단계의 기획을 넘어선 실질적 이행 역량에 달려 있다. 이 장은 대화형 에이전트와 생성형 AI 모델이 로비의 실행 프로세스를 어떻게 고도화 하는지를 규명한다. 특히 초개인화 커뮤니케이션과 고품질 콘텐츠의 자동 생성, 디지털 캠페인의 실시간 최적화 등 AI 시대 로비스트가 갖추어야 할 기술적 방법론과 통합적 실행 전략을 구체적으로 논의한다.

청각장애인과 AI?

대화형 AI를 활용한 관계 관리 자동화

챗봇으로 대표되는 대화형 AI 기술은 다양한 이해관계자를 대상으로 개별 맞춤형 커뮤니케이션을 규모 있게 실행할 수 있는 전략적 도구다. 이는 기존 대면 방식의 시공간적 한계를 극복하고 24시간 상시 대응 체계를 구축하게 함으로써, 로비 활동의 효율성을 획기적으로 제고한다. 결과적으로 로비스트는 이 자동화된 소통 채널을 통해 언제든 즉각적인 응대를 제공함으로써, 자신이 직접 처리할 수 없는 물리적 공백을 효과적으로 메울 수 있다.

최신 AI 챗봇은 자연어 처리(natural language processing, NLP) 기술을 통해 사용자 질문 의도(intent)를 맥락적으로 파악하고 고도화된 답변을 제공한다. 예컨대 유권자가 특정 정책 현안에 대해 질의할 경우, 챗봇은 관련 통계 지표와 시각화 데이터, 그리고 정책의 핵심 요지를 즉시 제시한다. 한편, 언론인의 규제 완화 관련 취재 요청에 대해서는 공식 입장문(official statement)과 보도자료, 나아가 관련 연구 보고서의 원문 링크를 실시간으로 전송하는 기능을 수행한다. 입법 보좌진에게는 복잡한 법안의 주요 조항이나 예상되는 파급 효과에 대한 요약 브리핑을 제공하여 정보 탐색 비용을 줄여 주고 필요한 데이터 시트나 그래픽 자료를 즉시 전달함으로써 효율적인 업무를 지원한다. 중요한 점은 챗봇이 단순히 일방적 정보 제공을 넘어, 상호작용 데이터를 수집하는 '센서(sensor)' 역할을 수행한다는 것이다. 챗봇과의 대화 로그 분석은 타깃 공중의 관심사, 특정 정책에 대한 불만 요인, 감성 변화, 자주 묻는 질문(FAQ) 등을 실시간으로 포착하게 하며, 이는 로비 전략을 수정하는 즉각적인 환류 체계(feedback loop)로 기능한다(Androutsopoulou et al., 2019).

사례. 정부 관계자용 AI 어시스턴트 '정책 챗봇' 도입

한 대기업의 대관팀은 수많은 정부 부처 관계자 및 국회 보좌진의 다양한 정책 질의에 효율적으로 대응하기 위해 AI 정책 챗봇을 도입했다. 이 챗봇은 기업의 사업과 관련된 방대한 법규, 산업 데이터, 과거 정책 제안서, 예상 질의응답(FAQ) 데이터를 학습했다.

질의 응대: 보좌진이 "에너지 전환 법안의 중소기업 영향"에 대해 문의하면, 챗봇은 즉시 관련 법안 조항, 기업의 공식 입장, 중소기업 영향 분석 보고서 요약, 심지어 해당 법안이 통과될 경우 예상되는 고용 및 투자 변화 시뮬레이션 데이터를 제공했다. 과거에는 해당 정보를 찾기 위해 여러 부서에

문의하고 취합하는 데 많은 시간이 소요됐으나, 챗봇은 24시간 실시간으로 정확한 정보를 제공하여 정보 접근성을 획기적으로 개선했다.

피드백 수집: 챗봇은 단순히 답변만 하는 것이 아니라 어떤 키워드에 대한 질문이 많은지, 답변 만족도는 어떠한지, 어떤 유형의 질문이 반복되는지 등의 데이터를 수집했다. 이 데이터를 분석하여 대관팀은 정책 결정자들이 가장 궁금해하는 지점이나 오해하는 부분을 파악하고, 다음 전략 회의 시 중점적으로 논의할 안건을 설정하거나, 미리 대응 자료를 준비하는 데 활용했다. 이처럼 챗봇은 정보 제공의 효율성을 높일 뿐만 아니라, 관계 관리의 질을 향상시키고 로비 전략 수립의 중요한 기초 데이터를 제공하는 실질적인 도구로 활용될 수 있다.

생성형 AI와 설득 커뮤니케이션의 고도화

대규모 언어 모델(large language models, LLM)을 포함한 생성형 AI는 로비 콘텐츠 생산의 속도와 질을 동시에 혁신한다. LLM은 방대한 정책 데이터와 텍스트를 학습하여 인간 수준의 유려한 텍스트를 생성할 뿐만 아니라, 타깃 특성에 맞춰 톤 앤 매너(tone & manner)를 미세 조정하는 '프레이밍(framing) 기술'을 자동화한다. 즉, 단순히 정보를 나열하는 것을 넘어, 특정 관점이나 메시지가 효과적으로 전달되도록 언어적 틀을 구성하는 복합적인 작업을 수행한다.

생성형 AI는 정책 브리프, 연설문, 기고문, 뉴스레터, 소셜 미디어 게시물, 카드뉴스 문구 등 로비에 필요한 다양한 포맷의 초안을 신속하게 작성한다(Pavlik, 2023). 예를 들어, 복잡한 입법 전문(예: 디지털 경제 전환에 따른 데이터 규제 법안)을 일반 대중이 이해하기 쉬운 비유와 스토리텔링을 활용한 카드뉴스 문구로 변환하거나, 정책 결정자 과거 발언 데이터를 학습하여 그가 선호하는 논리 구조와 어휘로 구성된 맞춤형 설득 문건을 생성한다. AI는 '경제 성장', '공정 경쟁', '안전', '환경 보호' 등 다양한 프레임 중 어떤 것이 특정 타깃에게 가장 효과적일지 예측하고, 해당 프레임을 중심으로 콘텐츠를 자동으로 생성할 수 있다. 또한 메시지 개방률(open rate)을 높이는 최적의 헤드라인과 행동 유도(call-to-action) 문구(예: "지금 서명하세요", "의원실에 의견을 전달하세요")를 제안하여 콘텐츠 도달률과 참여도를 극대화한다. 이러한 기술적 보조는 로비스트가 단순 작문 업무에서 벗어나 고차원적인 전략 기획, 핵심 관계자들과의 깊이 있는 논의, 그리고 인적 네트워크 구축 등 인간 고유의 영역에 집중하도록 업무 구조를 재편한다. 이는 로비스트가 정보 수집과 콘텐츠 생산이라는 반복적이고 시간 소모적인 작업에서 해방되어, 전략적 가치를 창출하는 데 더 많은 시간을 할애할 수 있게 돕는다.

사례. 친환경 에너지 전환 법안 지지 연설문 최적화

한 환경 로비 단체는 국회에서 논의 중인 친환경 에너지 전환 법안에 대한 지지를 호소하기 위해 생성형 AI를 활용했다. 이 단체는 주요 의원들의 과거 연설문, 언론 인터뷰, 정책 관련 저서 등을 AI에 학습시켰다.

타깃별 연설문 초안 생성: AI는 A의원(경제 전문가)에게는 법안 통과 시 예상되는 경제적 효과, 신규 일자리 창출, 기술 경쟁력 강화 등 '경제적 실익'을 강조하는 연설문 초안을 생성했다. B의원(환경 전문가)에게는 기후 위기 심각성, 미래 세대를 위한 책임, 국민 건강 증진 등 '환경적 가치와 지속 가능성'을 강조하는 초안을 제공했다.

핵심 메시지 프레이밍 제안: AI는 연설문 전체의 메시지뿐만 아니라 특정 단락에서 강조해야 할 키워드나 설득력을 높일 수 있는 통계 자료까지 제안했다. 예를 들어, '에너지 안보' 프레임을 활용하면 보수적 성향의 의원들에게도 친환경 에너지의 필요성을 효과적으로 전달할 수 있음을 AI가 분석하여 제시했다. 이처럼 생성형 AI는 단순히 텍스트를 만들어 내는 것을 넘어, 타깃의 특성을 고려한 설득력 있는 메시지를 효율적으로 생산하여 로비스트의 커뮤니케이션 역량을 극대화하는 강력한 도구로 활용됐다.

AI 기반 디지털 캠페인의 실시간 최적화

AI 알고리즘은 디지털 캠페인 집행의 전 단계를 관장하여, 전략 수정에 소요되는 시간을 실시간(real-time) 수준으로 압축한다. 구체적으로, 앞 장에서 규명한 초세분화 타깃층에게 프로그래매틱 광고 등을 활용해 맞춤형 메시지를 자동으로 송출하며, 해당 메시지에 대한 타깃의 즉각적인 반응을 분석한다. 이 과정에서 AI는 단순한 감시를 넘어, 캠페인 효율을 극대화하기 위해 전략을 지속적으로 미세 조정하는 상시적 최적화(continuous optimization) 역할을 담당한다.

캠페인 실행 단계에서 AI는 다양한 메시지, 이미지, 영상 조합에 대한 A/B 테스트를 자동으로 수행한다. 사용자 클릭률(CTR), 광고 시청 시간, 콘텐츠 공유 횟수, 웹사이트 체류 시간, 댓글 반응 등 실시간 반응 데이터를 분석하여, 성과가 낮은 메시지나 이미지를 자동으로 폐기하고 가장 효과적인 변형을 송출한다. 예컨대 특정 정책 프레임이 대중의 반감을 사는 것으로 감지되면, AI는 즉시 대체 메시지로 전환하여 위기를 관리하고 캠페인 투자 대비 효과(ROI)를 방어한다. 나아가 AI는 소셜 네트워크상에서 정보 확산을 주도하는 핵심 오피니언 리더(key opinion leaders, KOL)를 식별하고, 이들 네트워크를 통해 메시지가 자연스럽게 전파되도록 하는 바이럴 경로를 설계한다(Kreiss, 2016). 이 과정에서 AI는 특정 KOL의 팔로워 특성, 메시지 확산력 등을 분석하여 최적의 KOL을 선정하고, 이들에게 가장 적합한 콘텐츠 배포 방식을 제안한다.

사례. AI를 활용한 특정 정책 법안 지지 디지털 캠페인 최적화

한 시민 단체가 특정 산업 보호 법안의 폐지를 주장하는 디지털 캠페인을 진행했다. 과거에는 단일 메시지를 불특정 다수에게 뿌렸지만, AI 기반 최적화 전략을 도입하며 효율성을 높였다.

메시지 및 채널 최적화: AI는 타깃 공중을 연령, 온라인 활동 패턴, 이전 정치적 행동 등을 기반으로 세분화했다. 젊은층에게는 쇼트폼 영상과 인포그래픽을, 중장년층에게는 상세 분석 보고서와 언론 기사를 활용하도록 채널 및 콘텐츠 형태를 달리했다. AI는 각 콘텐츠에 대한 실시간 클릭률, 공유율, 댓글 감성 등을 분석하여 효과가 낮은 광고는 중단하고 효과적인 광고의 예산을 증액했다.

실시간 프레임 조정: 캠페인 초기에 '산업 특혜 폐지'라는 프레임이 일부 층에서 거부감을 일으키자, AI는 실시간 데이터 분석을 통해 '소비자 후생 증대'와 '시장 경쟁 활성화'라는 대체 프레임이 더 높은 긍정적 반응을 얻고 있음을 감지했다. 이에 따라 캠페인 메시지를 즉시 조정하여 부정적 여론 확산을 방지하고, 긍정적 전환율을 높일 수 있었다.

핵심 지지자 식별 및 독려: AI는 캠페인에 적극적으로 참여하고 메시지 확산에 기여하는 '초정밀 인플루언서'들을 식별하고, 이들에게 추가적인 정보를 제공하거나 행동 독려 메시지를 자동 발송하여 캠페인의 자발적 확산을 유도했다.

이 사례처럼 AI 기반 디지털 캠페인은 끊임없이 변화하는 온라인 여론과 사용자 행동에 민첩하게 반응하며, 로비 메시지가 최대의 영향력을 발휘할 수 있도록 실시간으로 전략을 조정하여 비용 대비 효율을 극대화한다.

통합적 로비 생태계: 도구의 시너지와 실행의 과학화

결론적으로 AI 기반 로비는 개별 기술의 단순한 집합이 아니라 유기적으로 통합된 '단일 플랫폼(Unified Platform)' 내에서 기능할 때 파급력을 극대화할 수 있다. 이는 정책 환경의 다각적 예측부터 타깃 공중의 정밀한 식별, 대규모 언어 모델(LLM)을 활용한 맞춤형 콘텐츠 제작, 그리고 디지털 캠페인의 실행 및 최적화에 이르기까지 모든 과정이 끊김 없는 흐름(Continuous Flow)으로 연결되는 작업 체계(Workflow)의 구축을 의미한다. 이러한 통합 시스템은 각 단계에서 생성된 데이터를 실시간으로 공유하고 축적함으로써, 로비스트가 복잡한 정치적 지형을 직관적으로 파악하고 신속한 의사 결정을 내릴 수 있도록 지원한다. 예를 들어, 특정 이슈가 임계점을 넘어 급부상하는 순간, 예측 시스템의 신호는 즉시 타깃 분석 엔진과 연계되어 핵심 이해관계자를 추출한다. 동시에 생성형 AI는 이들의 성향에 최적화된 설득 메시지를 도출하며, 이는 다시 자동화된 캠페인 시스템을 통해 배포되고 실시간 반응에 따라 미세 조정된다. 결국, AI 로비의 본질은 파편화된 도구의 사용이 아니라 데이터와 실행이 맞물려 돌아가는 '과학화된 생태계'의 구현에 있다.

이러한 통합적 접근은 로비스트로 하여금 정책 환경 변화를 실시간으로 모니터링(monitoring)하고, 최적의 타이밍(timing)에, 가장 적합한 타깃(target)에게, 가장 설득력 있는 메시지(message)를 전달하게 한다. 이는 과거 직관과 경험에 의존하던 로비 실행 방식을 데이터에 기반한 과학적이고 체계적인 프로세스로 진화시킨다. AI 도구는 로비스트 의사 결정을 증강(augment)하고 반복 업무를 자동화함으로써, 로비스트가 인간 고유의 영역인 윤리적 판단, 창의적 전략 수립, 그리고 복잡한 인간관계 구축과 같은 고차원적인 역할에 몰입할 수 있는 환경을 조성한다. AI는 로비스트의 능력과 시간을 확장시키는 '슈퍼 부스터'와 같은 역할을 하여, 궁극적으로 로비 활동의 질적 향상과 투명성 제고에 기여한다.

참고문헌

Androutsopoulou, A. et al.(2019). Transforming the communication between citizens and government through AI-guided chatbots. *Government Information Quarterly, 36*(2), pp.358~367. https://doi.org/10.1016/j.giq.2018.10.001

Kreiss, D.(2016). *Prototype Politics: Technology-Intensive Campaigning and the Data of Democracy*. Oxford University Press.

Pavlik, J. V.(2023). Collaborating with ChatGPT: Considering the implications of generative artificial intelligence for journalism and media education. *Journalism & Mass Communication*

Educator, 78(1), pp.84~93.
https://doi.org/10.1177/10776958221149577

05
성과 측정의 과학화: AI 기반 효과 분석과 평가

현대 로비 활동에서 성과 입증의 기준은 막연한 직관이 아닌 객관적 데이터가 되어야 한다. 이 장은 AI를 통해 소셜 미디어 여론, 미디어 프레임, 입법 기록을 정량 분석(quantitative analysis)함으로써 로비의 실제 효과를 검증하는 구체적 방법론을 다룬다. 나아가 이러한 과학적 측정 방식이 어떻게 조직의 투명성을 강화하고, 성과 평가가 다시 전략 최적화로 이어지는 '선순환적 환류 체계'를 구축하는지 밝힌다.

AI 콘텐츠 크리에이터?

증거 기반 로비와 성과 측정의 필요성

종래의 로비 평가는 '누구를 만났는가'라는 단순 활동 실적(output)에 치중하여, 실제 '어떤 변화를 이끌어냈는가'라는 실질적 성과(outcome)를 증명하지 못하는 구조적 한계를 안고 있었다. 복잡한 정책 결정 과정에서 특정 법안 통과가 로비의 성과인지, 단순한 사회적 분위기 탓인지 명확히 가려내는 '기여도 평가(attribution)'가 어려웠기 때문이다. 이 같은 모호함은 대외적 신뢰 하락과 내부 예산 확보의 어려움으로 이어졌다. 자원 집약적인 현대 로비 환경에서 성과를 증명하지 못하는 전략은 생존하기 어렵다. 이에 AI 데이터 분석을 통해 로비의 효과를 수치로 정량화하고 객관화하는 '증거 기반 로비' 체계의 도입이 시급하다.

이는 로비 활동의 투명성과 책임성을 확보하는 핵심 기제이자 한정된 자원을 가장 효율적인 채널에 배분하기 위한 의사 결정 기준이 된다. 로비가 단순한 비용 지출(expenditure)이 아닌 전략적 투자(investment)임을 입증하기 위해서는 객관적 지표(index)가 필요하다. AI는 실시간으로 축적되는 이종(heterogeneous) 데이터(예: 소셜 미디어 데이터, 뉴스 빅데이터, 의정 활동 기록, 경제 지표, 기업 보고서 등)를 융합 분석하여 로비 활동과 정책 변화 간의 인과관계를 통계적으로 추적하게 함으로써, 로비스트를 단순한 정책 관찰자에서 데이터 기반의 전략가로 변모시킨다. 이러한 과학적 측정 프로세스는 과거 활동을 평가하는 차원을 넘어, 미래 전략을 정교화하고 지속적으로 발전시키는 순환적 발전의 토대가 된다. 이는 마치 기업이 마케팅 캠페인의 ROI를 분석하여 다음 캠페인의 방향을 결정하는 것과 같이, 로비 활동 역시 데이터에 기반한 전략적 의사 결정을 가능하게 함으로써, 조직의 전략적 목표 달성에 기여하는 필수적인 기능으로 자리 잡는다.

주요 성과 지표와 AI 분석 방법론

AI는 로비의 다차원적 영향력을 측정하기 위해 소셜 데이터, 미디어 텍스트, 입법 기록 등을 분석하는 고도화된 방법론을 적용한다.

소셜 미디어 여론 및 감성 추이 분석

AI는 소셜 플랫폼(X, Facebook, 국내 온라인 커뮤니티, 블로그 등)상의 방대한 비정형 텍스트를 모니터링한다. 자연어 처리(NLP) 기술은 단순한 언급량 측정을 넘어, 특정 정책 이슈에 대한 대중의 감성(긍정/부정/중립) 변화와 담론 확산 속도를 정밀하게 분석한다(Stieglitz & Dang-Xuan, 2013). AI는 텍스트의 맥락을 이해하여 단순히 '좋다/싫다'를 넘어 풍자, 비꼬는 표현, 미묘한 비판의 뉘앙스까지 포착해 낸다. 로비 캠페인 전후의 감성 지수 변화와 주요 키워드 전이 과정을 시각화함으로써, 로비 메시지가 대중의 인식 지형(cognitive landscape)을 어떻게 변화시켰는지 정량적으로 평가한다. 이는 로비스트가 단순한 '관심 유발'을 넘어 '인식 변화'라는 더 깊이 있는 성과를 측정할 수 있도록 돕는다.

사례. 신기술 도입에 대한 부정 여론 변화 측정

한 기업이 인공지능 기반의 새로운 서비스(예: 얼굴 인식 기술을 활용한 공공 보안 시스템) 도입을 추진했으나, 개인정보 침해와 오남용 우려로 소셜 미디어에서 강한 부정적 여론에 직면했다. 로비팀은 AI 기반 소셜 리스닝 툴을 활용하여 캠페인 전후 여론 추이를 측정했다.

초기 진단: AI는 특정 키워드(예: "AI 감시", "빅브라더", "프라이버시 침해")와 관련된 언급량 급증과 함께 약 70%에 달하는 부정 감성을 확인했다. 또한 주요 우려 사항으로 '데이터 유출', '인권 침해 가능성'이 대두됨을 분석했다.

캠페인 실행 및 추적: 로비팀은 AI 분석을 통해 파악된 핵심 우려 사항(철저한 보안 시스템 구축, 익명화 기술 적용, 외부 감사 의무화)을 중심으로 대중 소통 캠페인을 전개했다. AI는 이 캠페인 메시지가 소셜 미디어에서 어떻게 확산되고 있는지, 주요 오피니언 리더들이 어떻게 반응하는지, 그리고 관련된 긍정적 키워드(예: "기술 혁신", "시민 안전 강화", "효율적 범죄 예방")의 언급량이 늘어나는지 실시간으로 추적하고, 부정적 감성이 점차 감소하고 긍정적 또는 중립적 감성으로 전환되는 양상을 모니터링했다.

성과 측정: 캠페인 두 달 후, AI는 관련 키워드 언급량이 긍정적인 방향으로 전환되어 부정 감성 비율이 40%로 감소했음을 보고했다. 특히 '시민 안전 강화' 키워드와 함께 기업명이 언급되는 경우가 유의미하게 증가했으며, 기술에 대한 막연한 두려움 대신 '기술을 통한 사회 문제 해결'이라는 인식이 확산되고 있음을 데이터로 입증했다. 이처럼 AI는 로비 활동이 대중의 인식을 긍정적으로 변화시키는 데 얼마나 효과적이었는지 구체적인 수치로 보여줌으로써, 다음 캠페인 기획의 중요 자료가 되었다.

미디어 프레이밍 수용도 분석

AI는 주요 언론(신문, 방송, 온라인 매체) 기사와 방송 스크립트를 수집하여, 로비스트가 의도한 정책 프레임(예:

경제 활성화 vs 환경 보호, 규제 완화 vs 소비자 보호, 산업 진흥 vs 공정 경쟁)이 미디어에 의해 얼마나 채택되었는지 분석한다. 자동화된 콘텐츠 분석(automated content analysis) 기술은 기사의 논조, 핵심 어휘, 특정 관점의 반복 사용 패턴을 식별하여, 로비 활동이 언론 의제 설정(agenda-setting) 기능에 미친 실질적 영향력을 측정한다(Matthes & Kohring, 2008). 이는 단순 보도 건수를 넘어, 메시지 질적 침투력을 평가하는 핵심 지표다. AI는 경쟁 프레임의 출현 빈도 및 강도도 함께 분석하여 전략적 우위 여부를 판단하며, 특정 프레임을 사용하는 언론사나 기자군까지 식별할 수 있다.

사례. 탄소 배출 규제 프레임 전환의 효과 측정

한 산업 협회는 강화된 탄소 배출 규제 법안에 대해 '산업 경쟁력 저해'라는 기존의 방어적 프레임 대신 '친환경 기술 혁신을 통한 지속 가능한 성장'이라는 적극적 프레임을 미디어에 설득하려 했다.

캠페인 및 AI 모니터링: 협회는 AI 기반의 미디어 프레임 분석 툴을 사용하여 국내 주요 언론의 관련 보도를 실시간으로 모니터링했다. 협회가 배포한 보도자료나 주최한 전문가 간담회 이후, 언론 보도에서 '기술 혁신', 'ESG 경영', '친환경 전환 투자', '녹색 일자리'와 같은 키워드의 빈도와 함께 해당 프레임이 기사의 핵심 논조로 채택되는 비율을 추적했다. AI는 이 프레임이 특히 어떤 언론 매체, 어떤 기자에 의해 주로 다루어지는지 분석하여, 미디어 아웃리치의 효율성을 평가했다.

성과 평가: 캠페인 3개월 후, AI 분석 결과 '산업 경쟁력 저해' 프레임의 언론 채택 비율이 60%에서 30%로 감소하고, '친환경 기술 혁신을 통한 지속 가능한 성장' 프레임의 채택 비율이 20%에서 50%로 증가했음을 확인했다. 특히 주요 경제 전문지나 영향력 있는 환경 분야 칼럼니스트들이 협회의 프레임을 인용하거나 긍정적으로 다루는 경향이 뚜렷해진 것이 데이터로 입증됐다. 이는 협회의 미디어 로비가 단순한 보도 건수 증가를 넘어, 정책 담론의 핵심 프레임을 성공적으로 전환시키는 데 기여했음을 의미하며, PA 전략의 장기적인 성공 가능성을 제시했다.

입법 행동 변화 및 정책 결정자 반응 추적

AI는 국회 회의록, 투표 기록, 법안 발의 데이터, 국회 예산안 심사 보고서, 정책 토론회 자료 등을 분석하여 로비 활동과 입법 결과 간의 상관관계를 추적한다. 정책 결정자 연설문이나 SNS 발언을 텍스트 마이닝하여, 로비스트가 전달한 핵심 논리가 그들의 발언에 얼마나 반영되었는지(message alignment)를 측정한다. 이를 통해 복잡한 정책 결정 과정 속에서 로비 활동이 기여한 부분적 영향력을 통계적으로 추론(causal inference)하게 된다(Baumgartner et al., 2009). AI는 특정 로비스트의 접촉 빈도, 메시지 전달 방식, 그리고 이후 해당 결정자의 발언 변화, 투표 행태, 심지어 법안 수정안에 로비스트가 제시한 문구가 포함되는지 여부까지 면밀히 분석한다.

사례. 특정 법안 수정에 대한 로비 영향력 분석

한 기업 연합은 특정 산업 활성화 법안에 포함된 과도한 규제 조항(예: 신기술 도입에 대한 지나치게 엄격한 사전 승인 요건)을 완화하기 위해 국회 로비를 진행했다. AI는 로비 활동과 국회의원들의 입법 행위 간의 상관관계를 분석했다.

데이터 수집 및 분석: AI는 연합의 로비스트들이 만난 의원들의 목록, 접촉 일시, 제공된 브리핑 자료 내용과 더불어 해당 의원들의 회의록 발언, 관련 법안 심사에서의 질문 내용, 소속 위원회 보고서 작성 내용, 최종 투표 기록 등을 실시간으로 수집 및 분석했다. 특히 로비스트가 제시한 특정 문구나 논리 구조가 의원들의 발언에 얼마나 자주 등장하는지 텍스트 마이닝 기법으로 추적했다.

영향력 추론: AI는 통계 모델링을 통해 로비스트 접촉 이전과 이후 의원들의 발언에서 기업 연합이 강조한 특정 문구(예: "글로벌 스탠다드와의 불균형", "혁신 저해 규제")가 얼마나 증가했는지 정량화했다. 나아가 로비팀이 제시한 법안 수정안의 내용(예: 사전 승인에서 사후 신고제로 전환)이 실제 위원회에서 논의되고 최종 법안에 반영될 확률을 예측하고, 실제로 일부 조항이 수정되었을 때 그 변화가 로비 활동과 어떤 유의미한 상관관계를 가지는지 통계적으로 추론했다. AI는 단순히 '로비 후 변화'가 아니라 '로비가 없었을 경우 변화하지 않았을 가능성'까지 고려하는 통계적 인과추론 모델을 적용하여 로비 활동의 기여도를 더욱 명확히 했다. 이처럼 AI는 로비스트의 개별 활동이 실제 정책 결정자 행동 변화에 미치는 '미시적 영향력'까지 측정할 수 있도록 돕는다.

측정 결과의 환류(Feedback)와 전략 최적화

AI 기반의 성과 측정은 사후 평가에 그치지 않고, 다음 전략 고도화를 위한 핵심 통찰을 제공한다. 이는 로비 활동을 끊임없이 개선하고 효율화하는 지속 가능한 순환 고리(learning loop)를 형성한다.

ROI(투자 수익률)의 과학적 입증

AI는 투입된 자원(시간, 인력, 비용, 자료 준비에 소요된 가치 등) 대비 달성된 정책 목표(법안 통과율, 여론 개선도, 규제 완화로 인한 예상 경제 효과, 기업 평판 지수 상승 등)를 연결하여 '로비 투자 수익률(return on lobbying investment)'을 산출한다. 예를 들어, 한 기업이 10억 원을 로비 캠페인에 투자하여 특정 규제를 완화하고, 이로 인해 연간 100억 원의 추가 수익이 발생할 것으로 예상된다면, AI는 이 10억 원의 로비 투자가 기업 가치에 어떤 긍정적인 영향을 미쳤는지 구체적인 수치로 제시할 수 있다. 이는 조직 내에서 로비 부서 기여도를 명확하게 증명하고, 향후 예산 확보와 자원 배분의 객관적 근거가 된다. 과거 재무 부서가 로비 비용을 단순한 지출로만 간주했다면, AI 기반의 ROI 분석은 로비가 기업의 전략적 자산임을 명확히 보여줄 수 있다.

실시간 전략 보정(real-time calibration)

AI는 캠페인 진행 중에도 성과 지표를 실시간으로 추적한다. 특정 메시지 효과가 저조하거나 부정 여론이 감지될 경우, 시스템은 즉각적인 경보를 울린다. 예를 들어, 특정 로비 메시지가 대중에게 오해를 불러일으키거나,

예상치 못한 반대 진영의 반발을 유발하는 징후를 AI가 감지하면, 로비스트에게 실시간으로 경고를 보낸다. AI는 이와 함께 대체 메시지나 다른 커뮤니케이션 채널의 활용을 제안함으로써 전략 수정을 돕는다. 이를 통해 로비스트는 고정된 계획을 고수하기보다 실시간 피드백에 따라 유연하게 방향을 전환(pivot)하여 리스크를 최소화하는 '상황 적응형(adaptive) 로비 전략'을 구사할 수 있다. 과거에는 캠페인이 종료된 후에야 문제점을 파악하고 다음 캠페인에 반영할 수 있었던 반면, AI는 마치 비행 중 항로를 실시간으로 수정하는 것과 같이, 캠페인 '운항 중'에도 즉각적인 전략 변경을 가능하게 한다.

데이터 기반의 미래 통찰(predictive insight)

축적된 성과 데이터는 AI의 학습 재료가 된다. AI는 과거 성공과 실패 사례 패턴을 학습하여, 특정 이슈와 타깃 그룹에 가장 효과적인 전술 조합을 추천한다. 예를 들어, 특정 유형의 환경 규제에는 '경제적 이점'을 강조하는 프레임이 다른 프레임보다 더 효과적이었고, 특정 유형의 정치인(예: 젊은 진보 성향 의원)에게는 '데이터 시각화 자료'가 추상적인 법률 용어보다 더욱 설득력이 높았다는 과거 데이터를 AI가 학습한다. 이러한 데이터 기반의

'지식 축적과 개선의 선순환(virtuous cycle of knowledge)' 구조는 로비 조직이 실패를 반복하지 않고 지속적으로 성장하는 지능형 조직이 되도록 이끈다. AI는 향후 유사한 상황에서 발생할 수 있는 잠재적 문제점(예: 경쟁사의 다음 전략, 예상치 못한 사회적 반발)을 예측하고, 최적의 대응 방안을 선제적으로 제안함으로써 로비스트의 의사 결정을 증강하는 역할을 수행한다. 이는 궁극적으로 로비 활동의 예측 가능성과 성공률을 높이는 데 결정적으로 기여한다.

참고문헌

Baumgartner, F. R. et al.(2009). *Lobbying and policy change: Who wins, who loses, and why*. University of Chicago Press.

Matthes, J. & Kohring, M.(2008). The content analysis of media frames: Toward improving reliability and validity. *Journal of Communication, 58*(2), pp.258~279. https://doi.org/10.1111/j.1460-2466.2008.00384.x

Stieglitz, S. & Dang-Xuan, L.(2013). Emotions and information diffusion in social media—sentiment of microblogs and sharing behavior. *Journal of Management Information Systems, 29*(4), pp.217~248. https://doi.org/10.2753/MIS0742-1222290408

06
글로벌 로비 환경: AI 시대의 법률과 제도

AI 로비 확산은 투명성과 윤리성에 대한 글로벌 차원의 법적 논의를 불러일으켰다. 이 장은 EU의 포괄적 규제와 미국의 실용주의적 접근을 비교 분석하고, 이러한 규제 흐름이 로비 관행에 미치는 영향을 고찰한다. 이를 바탕으로 한국형 AI 로비 거버넌스 구축을 위한 법적 · 제도적 시사점을 도출하고, 신뢰할 수 있는 로비 환경 조성을 위한 정책 방향을 모색한다.

AI와 민주주의?

AI 시대 로비 규제의 규범적 딜레마와 글로벌 대응

인공지능의 급진적 발전과 로비 영역으로의 확산은 기존의 법률 및 제도적 통제 기제(control mechanism)를 무력화하며, 이에 따른 심각한 '규범적 지체' 및 '제도적 공백(institutional void)'을 야기하고 있다. 기존의 법과 제도는 주로 인간 대 인간의 직접적인 접촉, 물리적 정보 전달, 그리고 금품 수수와 같은 명확한 행위를 규제하는 데 초점이 맞춰져 있었다. 하지만 예측 분석 모델과 생성형 AI에 기반한 '초정밀 타기팅', 그리고 봇에 의한 '자동화된 여론 형성' 기제는 로비의 전략적 효용을 비약적으로 높이는 동시에, 민주주의의 존립 기반을 흔들 수 있는 잠재적 위협을 야기하고 있다. 예를 들어, AI가 특정 정치 집단의 성향에 맞춰 차별적으로 정책 제안을 생성하거나 알고리즘의 불투명성(black-box problem)으로 인해 어떤 데이터를 기반으로, 어떤 과정을 통해 로비 전략이 수립되고 실행되었는지 책임 소재가 모호해질 수 있다. 더욱이 딥페이크(deepfake) 기술 등을 이용한 교묘한 허위 정보나 여론 조작은 유권자의 합리적 판단을 저해하고 공정한 선거를 위협하는 심각한 결과를 초래할 수 있다. 이러한 비대면, 자동화, 데이터 기반의 로비 활동은 기존의 대인 접촉 중심 로비 규제법으로는 포착할 수 없는 '규제 사각지대'를 형성한다. AI가 대규모의 복잡한 정보 속에서 패턴을 찾아내고 예측하는 능력은 로비스트에게 전례 없는 통찰력을 제공하지만, 동시에 이 과정이 사회적 편견을 증폭시키거나 특정 이익에 유리하도록 조작될 가능성도 내재하고 있다.

이에 대응하여 전 세계 주요국들은 AI 기술을 단순한 산업 육성 대상이 아닌, '통제와 관리'가 필요한 거버넌스 대상으로 재정의한다(세계법제정보센터, 2023). 핵심 쟁점은 AI 로비 원료가 되는 데이터 수집의 적법성 및 윤리성, 알고리즘 작동 원리의 설명 가능성(explain- ability), 그리고 AI 사용 여부에 대한 투명한 공개 의무화다. 각국은 자국의 법적 전통과 디지털 주권(digital sovereignty)에 입각하여 상이한 규제 모델을 설계하고 있으며, 이러한 글로벌 규제 흐름은 향후 국경을 초월하여 활동하는 글로벌 기업과 로비스트들에게 새로운 '준법 감시(compliance)' 기준이 될 것이다. AI 로비 활동이 국경을 초월하여 전개됨에 따라, 특정 국가의 엄격한 규제를 피해 상대적으로 느슨한 지역으로 이동하는 '규제 우회(regulatory circumvention)' 현상이 발생할 수 있다. 이에 따라 국제적 공조와 상호 운용 가능한(interoperable) 규제 프레임워크의 구축 필요성이 제기되고 있다.

유럽연합(EU): '브뤼셀 효과'와 위험 기반 규제

유럽연합은 '브뤼셀 효과(The Brussels effect)'로 불리는 강력한 규제 영향력을 바탕으로 전 세계 AI 규제 표준을 주도하고 있다(Bradford, 2020). EU는 디지털 시장 및 데이터 보호 분야에서 GDPR(일반 데이터 보호 규정)를 통해 전 세계 기업들의 준수 기준을 설정했던 전례가 있다. 2024년 5월 최종 승인된 'EU AI 법(AI Act)'은 이러한 기조의 연장선에서 AI 시스템을 잠재적 위험 수준에 따라 4단계(수용 불가능, 고위험, 제한적 위험, 최소 위험)로 분류하고 차등적 의무를 부과하는 세계 최초의 포괄적 AI 규제법이다. 이는 AI 기술의 잠재적 위험성에 대한 사전적 접근을 취하며, AI 시스템 개발부터 배포, 사용 전반에 걸쳐 강력한 규제 체계를 마련했다. 특히 EU는 기본권 보호와 사회적 가치 존중을 최우선으로 여기는 법적 전통에 따라 AI 시스템의 사용 목적과 파급력을 엄격하게 평가한다.

로비 활동과 관련하여 가장 치명적인 영향을 미치는 것은 '고위험(high-risk)' 및 '제한적 위험'에 대한 규정이다. 법안에 따르면, 민주적 절차에 영향을 미치거나 유권자의 의사 결정을 유도하도록 설계된 AI 시스템은 고위험군으로 분류될 가능성이 매우 높다. 예를 들어, 특정 후보나 정당에 대한 여론을 AI가 분석하여 타깃 유권자에게 개인화된 정치 메시지를 자동 살포하는 시스템, 또는 입법자의 투표 성향을 예측하여 로비 전략을 자동으로 생성하는 시스템 등이 이에 해당할 수 있다. 이 경우 해당 시스템을 사용하는 로비 주체는 개발 단계부터 배포 및 운영 전반에 걸쳐 엄격한 의무를 지게 된다. 구체적으로는 데이터 품질 관리(사용되는 학습 데이터의 편향성 검증 및 대표성 확보), 기술 문서화(알고리즘 설계 원칙, 시스템 아키텍처, 성능 평가 보고서 등 상세 기록), 투명성 확보(알고리즘의 작동 원리 및 결정 과정 공개), 그리고 인간 감독(human oversight) 체계 의무적 구축이다. 인간 감독은 AI의 최종 의사 결정을 인간이 검토하고 필요시 개입할 수 있는 장치를 마련하는 것을 의미한다. 또한 챗봇이나 딥페이크와 같은 생성형 AI를 활용하여 정책 관련 메시지를 생성하거나 전달할 경우, 사용자가 기계와 상호작용하고 있음을 명시적으로 알려야 하는 '투명성 의무(Article 52)'가 적용된다(김민주 · 김현경, 2025). 이는 AI를 활용해 인간의 행동을 무의식적으로 조작하거나 특정 취약성을 악용하여 의사 결정을 왜곡하는 행위를 엄격히 금지한다. 특히 로비 과정에서 은밀하게 여론을 형성하거나 대상을 기만하는 '고위험 및 금지 대상 AI' 활용을 차단하며, 이를 위반할 경우 전 세계 연간 매출액의 최대 7% 또는 3500만 유로 중 높은 금액을 과징금으로 부과하는 강력한 제재를 동반한다(Veale & Zuiderveen Borgesius, 2021). 이러한 규제는 EU 내에서 활동하는 기업은 물론, EU 시민에게 서비스를 제공하는 전 세계 로비 조직에게도 영향을 미치므로 '브뤼셀 효과'가 AI 로비 분야에서도 강력하게 작동할 것임을 예고한다.

미국: 실용주의 거버넌스와 알고리즘 책임성 강화

미국은 유럽과 달리 연방 차원의 단일 법(예: EU AI 법)보다는 행정명령과 각 주(State)별 입법, 그리고 연방거래위원회(FTC)와 같은 규제 기관의 가이드라인을 통해 대응하는 실용주의적 접근을 취한다. 이러한 방식은 기술 혁신을 저해하지 않으면서도 특정 문제 발생 시 유연하게 대응하려는 특징을 가진다. 그러나 최근 AI의 위협이 가시화되면서 '혁신'보다는 '안전'과 '책임'을 강조하는 방향으로 정책 기조가 급선회하고 있다. 특히 의회의 활발한 청문회와 백악관의 전문가 협의를 통해 AI 윤리 및 책임에 대한 공감대가 형성되고 있으며, 산업계의 AI 관련 로비 활동이 활발해지는 가운데, 규제 강화의 목소리도 커지고 있다.

2023년 10월 조 바이든 대통령이 서명한 'AI 안전 및 보안에 관한 행정명령'은 연방 정부 차원의 규제 방향성을 제시한 이정표다. 이 명령은 연방 기관에 특정 AI 모델의 잠재적 위험을 사전에 검증하는 '레드팀(Red-teaming)' 평가를 제도화하고, AI로 생성된 콘텐츠에 워터마크를 삽입하여 식별 가능성을 높일 것을 요구한다. 예를 들어, 로비 목적으로 딥페이크 연설문을 만들거나, AI가 생성한 가상 인물을 활용하여 여론을 조성하는 행위 등은 이러한 워터마크 의무를 통해 출처가 명확히 공개되어야 한다. 이는 로비스트들이 사용하는 AI 분석 도구와 콘텐츠 생성 도구의 신뢰성을 정부가 검증하겠다는 의지로 해석되며, 로비 활동의 투명성과 기간성 방지에 초점을 맞추고 있다. 이 외에도 미국 국방부와 국립표준기술연구소(NIST) 등 여러 연방 기관에서 AI 윤리 가이드라인을 발표하며 책임 있는 AI 개발 및 활용을 위한 생태계 조성에 박차를 가하고 있다.

주 차원에서는 캘리포니아주의 소비자 프라이버시법(CCPA) 및 후속 AI 법안들이 로비 활동의 데이터 의존성을 제약하고 있다. 이들 법안은 정보 주체의 동의 없는 프로파일링을 제한하고, 알고리즘에 의한 자동화된 의사 결정에 대해 거부권을 행사할 수 있도록 한다(Kaminski, 2019). 예를 들어, 로비 기업이 AI를 이용해 유권자의 정치 성향을 세밀하게 분석하고 개인화된 메시지를 발송하려 할 때, 해당 유권자가 자신의 데이터가 프로파일링에 사용되는 것에 동의하지 않았다면 이러한 타기팅은 법적으로 제한받을 수 있다. 또한 FTC는 "AI를 이용한 기만적 행위"에 대해 강력한 단속을 예고하며, 불법적으로 수집된 데이터로 학습된 알고리즘 모델 자체를 삭제 명령하는 '알고리즘 반환(algorithmic disgorgement)' 조치까지 거론한다. 이는 로비스트들이 불법적으로 얻은 유권자 데이터를 활용하여 정교한 AI 로비 모델을 구축했을 경우, 해당 모델 전체를 폐기하도록 강제할 수 있음을 의미한다. 이는 AI 로비스트들에게 전례 없는 수준의 데이터 윤리와 알고리즘 책임성을 요구하는 것이다. 주요 기술 기업들 역시 관련 정부 규제에 대응하기 위해 로비 활동을 활발하게 펼치고 있으며, 이러한 상황은 미국의 AI 로비 환경이 기술 개발만큼이나 규제 준수에 대한 압력이 강해지고 있음을 보여 준다.

일본: 윤리적 가이드라인 기반의 산업 친화적 접근

일본은 EU와 미국과는 다른, 상대적으로 산업 친화적이고 유연한 AI 거버넌스 접근 방식을 취한다. 일본 정부는 AI 기술의 혁신과 성장을 저해하지 않는 선에서 사회적 수용성을 높이는 것을 목표로 한다. 즉, 구체적인 법적 규제보다는 광범위한 윤리 원칙과 가이드라인 제정을 통해 기업의 자율적인 준수를 유도하는 경향이 강하다. 2019년에 발표된 '인간 중심 AI 사회 원칙'과 'AI 비즈니스 활용 가이드라인' 등이 대표적이다. 이러한 원칙들은 AI의 공정성, 투명성, 안전성, 인간의 통제성 등을 강조하지만, 구체적인 법적 의무보다는 기업과 개발자의 윤리적 고려를 촉진하는 역할을 한다.

로비 활동에 AI를 활용하는 경우에도, 일본은 현재까지는 직접적인 법적 규제보다는 각 로비 주체나 기업이 이러한 윤리 가이드라인을 자율적으로 적용하도록 권고하는 형태를 유지하고 있다. 예를 들어, AI 기반 로비 활동이 특정 정치 성향을 가진 유권자에게만 편향된 정보를 제공하는 것을 윤리적으로 지양하고, AI 활용으로 생성된 정보의 출처를 명확히 밝히는 것을 권장하는 식이다. 이는 규제 당국이 개별 기업의 혁신을 저해하기보다 시장의 자율적인 규율과 윤리적 판단에 더 큰 비중을 두는 일본 특유의 정책 기조를 반영한다. 다만, 최근 AI 기술의 급진적인 발전과 잠재적 위험에 대한 국제사회의 우려가 커지면서, 일본도 국제적 규제 동향에 발맞춰 보다 구체적인 법적 프레임워크를 마련해야 한다는 내부적인 논의가 시작되고 있다. 일본의 접근 방식은 AI 기술을 통한 로비 활동의 자유를 비교적 크게 보장하지만, 동시에 로비스트 개개인과 기업에게 더 높은 수준의 윤리적 자각과 책임 의식을 요구한다는 특징을 갖는다.

시사점: 선제적 제도화와 한국형 AI 로비 모델

글로벌 선진국의 규제 동향은 아직 AI 로비에 대한 구체적 법적 논의가 부재한 한국 사회에 시급한 과제를 던진다. 한국은 현재 '인공지능 기본법' 제정을 추진 중이나 정치적 · 정책적 영향력을 행사하는 AI 로비 활동에 특화된 규제 조항은 미비한 실정이다. 기존의 '로비'에 대한 사회적 불신이 깊고 법제도화가 미진한 한국의 특수성을 고려할 때, AI 로비는 자칫 '그림자 로비'를 심화시키거나 민주주의의 건전성을 해칠 위험이 더욱 크다. EU와 미국 사례는 미래 로비 규제의 핵심이 기술 자체 금지가 아니라 '투명성(transparency)'과 '책임성(accountability)'의 제도화에 있음을 시사한다. 즉, AI 기술 자체를 막는 것보다 기술이 어떻게 활용되는지 공개하고 그 결과에 대한 책임을 명확히 하는 것이 중요하다는 의미다. 일본의 사례는 산업 혁신을 저해하지 않으면서도 윤리적 지침을 통해 사회적 수용성을 높이려는 노력이 가능하다는 점을 보여 준다.

한국 사회 역시 AI 기술이 음성적 청탁이나 여론 조작의 도구로 전락하지 않도록 선제적인 제도 정비에 나서야 한다. 구체적으로 다음과 같은 방안을 고려할 수 있다.

'AI 실명제' 도입

대정부관계 업무 및 여론 조성 활동 시 생성형 AI 사용 여부와 그 결과물(예: 챗봇을 통한 정보 제공, AI가 생성한 보고서)을 의무적으로 공개하는 'AI 실명제'를 도입해야 한다. 이는 AI 활용 로비의 투명성을 확보하고, 국민적 신뢰를 구축하는 첫걸음이 될 것이다. 예를 들어, AI가 생성한 브리핑 자료나 메시지에 '이 콘텐츠는 AI에 의해 생성되었거나 보조되었습니다'와 같은 명확한 표기를 의무화하는 방안을 고려할 수 있다.

'AI 로비스트 등록제' 검토

로비에 활용되는 알고리즘의 편향성과 윤리성을 심사하고, 로비스트들이 AI 활용 계획을 등록하는 'AI 로비스트 등록제'를 검토해야 한다. 이를 통해 누가, 어떤 AI 기술을 사용하여, 어떤 방식으로 정책 결정에 영향을 미치려 하는지 명확히 관리할 수 있다. 등록 시 AI 모델의 학습 데이터 출처, 알고리즘 작동 방식의 개요, 그리고 편향성 검증 계획 등을 제출하도록 의무화하는 것도 방법이다.

'AI 퍼블릭 어페어즈 윤리 가이드라인' 제정

데이터 오남용 방지를 위해 AI 로비에 특화된 윤리 가이드라인을 제정해야 한다. 이는 AI 학습 데이터의 공정성 확보, 알고리즘 설명 가능성 요구, 그리고 개인정보 보호 강화 등의 내용을 담아야 한다. 예를 들어, AI 기반 예측 모델이 특정 유권자 집단에게만 편향적인 메시지를 전달하지 않도록 사전에 알고리즘을 검증하고 그 결과를 공개하는 절차를 의무화하는 방안이다.

이러한 제도적 기반은 AI 로비의 합법적 공간을 열어주는 동시에, 민주적 절차의 공정성을 보호하는 균형추 역할을 할 것이다. 궁극적으로 이는 한국 로비 문화를 음성적 관행에서 데이터와 시스템에 기반한 선진적 '시스템 로비'로 전환하는 계기가 될 것이다. AI 기술을 적극적으로 활용하되, 그 활용이 민주적 가치와 공익을 훼손하지 않도록 견고한 법적·윤리적 울타리를 마련하는 것이 한국형 AI 로비 모델의 핵심 목표가 되어야 한다.

참고문헌

김민주·김현경(2025). 인공지능 투명성 규제에 대한 비판적 고찰: EU AI법 투명성 의무 조항 분석을 중심으로. 《선진상사법률연구》, 110, pp.59~108.

세계법제정보센터(2023). "세계 각국의 AI 규제 관련 입법동향".

Bradford, A.(2020). *The Brussels effect: How the European Union rules the world*. Oxford University Press.

Kaminski, M. E.(2019). The right to explanation, explained. *Berkeley Technology Law Journal, 34*(1), pp.189~218. https://doi.org/10.15779/Z38TD9N83H

Veale, M., & Zuiderveen Borgesius, F. J.(2021). Demystifying the draft EU Artificial Intelligence Act — Analysing the good, the bad, and the unclear elements of the proposed approach. *Computer Law & Security Review*, 41, 105587. https://doi.org/10.1016/j.clsr.2021.105587

07
성공/실패 사례 연구: AI 로비의 명과 암

AI 로비는 획기적인 효율성과 윤리적 위험이라는 양면성을 동시에 지닌다. 이 장은 실제 사례 분석을 통해 데이터 기반의 정량적 접근이 어떻게 정책 설득력을 높이는지 입증하고, 반대로 알고리즘 편향이 초래하는 신뢰 위기를 조명한다. 이를 바탕으로 AI 로비가 추구해야 할 전략적 성공 요인과 그 과정에서 반드시 준수해야 할 윤리적 기준을 명확히 규명한다.

AI와 애니메이션?

AI 로비 사례 연구의 중요성: 양날의 검

AI 기술 도입은 로비 활동 지형을 '직관의 영역'에서 '데이터 과학의 영역'으로 재편하고 있다. 과거 인적 네트워크와 경험자의 감에 의존하던 방식에서 벗어나 방대한 데이터를 기반으로 예측하고 분석하며 전략을 최적화하는 시대로 접어든 것이다. 그러나 기술 진보는 본질적으로 가치중립적이지 않으며 AI 로비 또한 양면성을 가진다.

AI 로비는 로비 활동에 전례 없는 성공 기회를 제공한다. 예측적 통찰, 초정밀 타기팅, 실시간 반응성은 로비의 효율성을 극대화하고, 과거에는 소외되었던 소규모 단체나 시민들에게도 데이터 기반의 정책 접근 기회를 제공하여 정책 참여의 폭을 넓힐 수 있다. 데이터에 기반한 객관적인 설득 논리는 정책 결정의 합리성을 높이고 공공의 이익에 부합하는 결과를 도출하는 데 기여할 수 있다.

그러나 AI의 활용은 필연적으로 예기치 못한 실패의 위험을 동반한다. 알고리즘의 기술적 오류나 학습 데이터의 결함, 그리고 도구에 대한 과도한 의존은 정책 결정자의 오인식(misperception)을 유발하거나 로비스트가 정책 현장의 미묘한 사회적 · 정치적 맥락을 간과하게 만들어 역효과를 초래할 수 있다. 특히 데이터의 양적 우위(quantitative superiority)에만 매몰되어 질적 통찰(qualitative insight)을 소홀히 할 경우, 로비 전략은 치명적인 실패로 귀결될 수 있다.

무엇보다 AI 로비에 내재된 윤리적 딜레마는 로비 활동의 사회적 정당성(legitimacy)과 민주주의의 토대를 위협하는 가장 큰 불안 요소다. 구체적으로 데이터 편향성에 기인한 차별적 메시지 산출, 알고리즘의 불투명성(black-box)이 야기하는 책임 소재의 불분명함, 심각한 프라이버시 침해, 딥페이크 등을 악용한 기만적 정보 조작(deceptive manipulation) 등은 AI 로비가 반드시 극복해야 할 치명적인 윤리적 도전 과제들이다. AI가 제공하는 초정밀 타깃 분석과 개인화된 메시지 최적화 기능이 로비 효율성(efficiency)을 비약적으로 높일 수는 있지만, 그것이 곧 로비 활동의 정당성(legitimacy)과 사회적 신뢰를 담보하는 것은 아니다. 오히려 잘못된 AI 활용은 사회적 갈등을 증폭시키고 민주주의 근간을 훼손할 위험을 내포한다.

따라서 국내외 실제 사례에 대한 비판적 분석은 AI 로비의 기회와 위협을 식별하는 필수적인 과정이다. 이 장은 실제 사례를 통해 데이터 분석이 어떻게 정책 결정자의 합리적 판단을 유도하고 공공의 이익에 부합하는 결과를 도출하는지(성공 요인), 그리고 기술 오용, 데이터 편향, 알고리즘 불투명성이 어떻게 민주적 절차를 훼손하고 대중의 역풍을 초래하는지(실패 요인)를 고찰한다. 이는 로비스트가 AI의 잠재력을 극대화하면서도 '책임 있는 혁신'을 수행하기 위한 실천적 가이드라인을 제공할 것이다. 성공 사례는 AI의 강력한 설득력을, 실패 사례는 기술적-윤리적 임계점의 중요성을 보여 줄 것이다.

성공 사례: 데이터 기반 정량적 설득과 정책 개입

AI 로비 성공은 인간 로비스트의 전략적 판단과 AI의 분석 역량이 결합하여 시너지를 낼 때 가능해진다. 특히 킹던(Kingdon)이 제시한 '정책의 창(policy window)'이 열리는 시점을 예측하고, 정량적 데이터를 통해 설득 논리를 강화할 때 그 효과가 극대화된다(Jones & Baumgartner, 2005).

환경 규제 입법 대응을 위한 산업 협회의 데이터 시뮬레이션

A 산업 협회는 정부가 추진하는 강화된 탄소 배출 규제안이 산업 생태계에 치명적인 타격을 줄 것을 우려했다. 과거와 같이 "산업이 힘들다"는 막연한 읍소형 로비 대신, 협회는 AI 기반 경제 영향 평가 모델을 도입했다. AI

는 수만 페이지에 달하는 법안 초안, 산업 보고서, 글로벌 규제 데이터를 학습하여, 규제 도입 시 발생할 생산비용 상승, 일자리 감소, GDP 하락폭을 다양한 시나리오별로 정밀하게 시뮬레이션했다. 단순히 기업의 손실을 강조하는 것이 아니라, 국가 경제 전반에 미칠 파급효과를 객관적 수치로 제시한 것이다.

로비팀은 AI가 도출한 데이터를 바탕으로 "규제 전면 반대"라는 강경한 입장을 넘어, "단계적 도입 시나리오"를 제시하며 대안을 제안했다. "현재 조항 B를 3년 유예할 경우, 전체 탄소 감축 목표의 95%를 달성하면서도, 실업률 상승폭을 0.1%p로 억제하고 관련 산업의 기술 전환 준비 기간을 확보할 수 있다"는 구체적인 수치는 정책 입안자들에게 강력한 설득 근거가 되었다. 이는 로비 활동을 단순한 이익 집단 민원 제기에서 국가 경제에 미치는 파급 효과에 대한 객관적 정책 논쟁으로 격상시켰다(Klüver, 2013). 결과적으로 정부는 협회 데이터 기반 제안을 수용하여 규제 로드맵을 수정했다. 이 사례는 AI의 '증거 기반 옹호(evidence-based advocacy)' 능력이 정책의 합리성을 높이고, 대중의 정책 수용성까지 높인 전형적인 성공 사례로 평가된다.

희귀질환 신약의 급여 적용을 위한 환우회 정책 옹호

한 희귀질환 환우회는 국내에 출시된 고가의 신약에 대해 건강보험 급여 적용을 촉구하는 정책 옹호 활동을 펼쳤다. 환자 수가 적어 정책적 관심이 적고, 높은 약가로 인해 재정 당국과의 갈등이 예상되는 상황이었다. 환우회는 AI 기반의 데이터 분석 툴을 로비 전략에 통합했다. 첫째, AI는 국내외 희귀질환 환자 데이터를 분석하여 이 신약이 해당 환자들의 '생존 기간 연장'뿐 아니라 '삶의 질 개선'에 미치는 영향을 정량화했다. 특히, 환자 개개인의 의료비 부담이 사회 전체의 의료비와 복지 비용(간병 비용, 생산성 손실 등)에 미치는 장기적 파급 효과를 시뮬레이션하여 "개별 고가 지출이지만, 사회 전체적으로는 효율적인 투자"라는 논리를 도출했다. 둘째, AI는 복지부, 심평원, 국회 보건복지위원회 소속 의원들의 과거 발언 및 정책 성향 데이터를 분석하여 '경제성'과 '사회적 형평성' 중 어떤 프레임이 각 결정자에게 더 효과적인 설득력을 가질지를 예측했다. 예를 들어, 재정 담당자에게는 신약 적용 시 장기적으로 감소할 수 있는 다른 복지 지출 비용을, 의원들에게는 '소외된 계층에 대한 국가의 책임'이라는 규범적 가치를 강조하도록 메시지를 최적화했다. 셋째, 생성형 AI는 환자 및 가족의 고통과

희망을 담은 스토리텔링 콘텐츠(예: 영상 스크립트, 탄원서 초안)를 생성하고, 이를 확산시킬 소셜 미디어 인플루언서 네트워크를 분석하여 캠페인의 도달률을 높였다. 결과적으로 AI가 제시한 정량적 데이터와 개인화된 설득 논리는 재정 당국의 경제적 우려를 완화하고 정치권의 공감대를 얻는 데 결정적으로 기여하여, 신약의 급여 적용 범위 확대라는 정책 목표를 달성할 수 있었다. 이 사례는 AI가 공공의 이익을 위한 시민 사회 로비 활동의 효과성을 극대화하는 강력한 도구가 될 수 있음을 보여 준다.

실패 사례: 알고리즘 편향과 '필터 버블'의 역설

AI 로비 실패는 기술적 결함보다는 윤리적 고려 부재에서 비롯된다. 데이터 편향성이나 알고리즘 불투명성(opacity)을 간과한 채 단기적 효율성만 추구할 경우, 조직은 심각한 신뢰 위기에 직면한다.

편향된 타기팅 알고리즘에 의한 여론 동원 캠페인의 좌초

B 시민 단체는 특정 법안(예: 부동산 투기 방지 법안) 지지 여론 확산을 위해 AI 기반 소셜 미디어 캠페인 도구를 도입했다. 이 도구는 SNS 사용자 데이터를 분석하여 법

안 지지 가능성이 높은 타깃을 선별하고 맞춤형 메시지를 발송하도록 설계됐다. 초기에는 높은 참여율을 기록하며 성공하는 듯 보였다. 그러나 캠페인 과정에서 문제가 불거졌다. 알고리즘이 특정 인종, 소득 수준, 또는 지역 사용자만을 타깃으로 메시지를 집중 발송하고, 반대 성향이나 중도층 사용자는 의도적으로 배제했다는 사실이 밝혀졌다. 분석 결과, 학습 데이터 자체가 특정 정치적 견해를 가진 기존 지지층에 편향되어 있었기 때문에, AI는 확증 편향(confirmation bias)을 강화하는 '필터 버블(filter bubble)'을 만들어 내고 다른 의견을 가진 사람들에게는 메시지를 아예 노출하지 않은 것이다. 이러한 '차별적 동원' 사실이 언론에 폭로되자, 캠페인은 "여론조작"이라는 거센 비난에 직면했다. 단체의 도덕성은 치명상을 입었고, 해당 법안에 대한 여론조차 급격히 악화되어 캠페인은 조기 중단됐다. 이 사례는 AI의 '알고리즘 불투명성' 문제를 명확히 보여 준다. 로비 주체조차 알고리즘이 어떤 기준으로 타깃을 선정했는지, 왜 특정 집단을 배제했는지 설명하지 못했기 때문에(lack of explainability), 결과에 대한 책임을 질 수 없었고 결국 사회적 신뢰를 상실했다. 기술 효율성에 매몰되어 공정성이라는 민주적 가치를 훼손한 결과다.

AI 생성 허위 정보 확산으로 인한 로비 역풍

한 제약 회사가 경쟁사의 신약에 대한 불리한 정보를 퍼뜨리기 위해 AI 기반의 허위 정보 캠페인을 비밀리에 진행했다. 생성형 AI를 활용하여 과학 논문처럼 보이는 가짜 연구 결과, 전문가 의견으로 위장한 블로그 게시물, 그리고 이를 인용하는 듯한 가짜 뉴스 기사를 대량으로 생성했다. 또한 AI 기반 봇 네트워크를 이용해 이 정보들을 소셜 미디어에 조직적으로 유포하여 여론을 조작하려 시도했다. 처음에는 그럴듯하게 보이는 정보들이 빠르게 확산되며 경쟁사 신약에 대한 불신이 형성되는 듯했다. 그러나 데이터 과학자들이 이례적인 정보 확산 패턴과 AI 생성 콘텐츠의 특유한 문체를 포착하기 시작했고, 결국 해당 캠페인의 배후에 제약 회사가 있었으며 AI를 활용한 조직적인 허위 정보 유포였다는 사실이 드러났다. 결과는 참담했다. 해당 제약 회사는 막대한 규모의 과징금을 부과받고 기업 이미지에 치명적인 손상을 입었다. 신뢰를 잃은 기업의 로비 활동은 더 이상 어떤 정책 결정자에게도 설득력을 얻기 어려웠다. 경쟁사는 명예훼손 소송을 제기했고, 관련 규제 당국은 AI 기반 허위 정보 생성 및 유포에 대한 규제를 강화하는 계기를 마련했다. 이 사례는 AI의 강력한 콘텐츠 생성 및 확산 능력이 윤리적 경계를 넘어 악용될 경우, 단기적인 이득은 커녕 조직의 존립 자체를 위협할 수 있음을 명백히 보여 준다. AI 로비에서 '기술적 가능성'과 '윤리적 책임' 사이의 균형이 얼마나 중요한지를 상기시켜 준다.

시사점: 투명성과 인간 감독의 필수성

성공과 실패 사례 비교 분석은 AI 로비의 지속 가능성을 위한 세 가지 핵심 요인을 시사한다. 이들 요인은 AI가 로비 과정에서 민주주의 가치를 훼손하지 않고 긍정적인 영향을 미치기 위한 최소한의 조건이다.

데이터의 무결성(integrity)

AI 분석의 성패는 데이터의 질(quality)이 결정한다. '잘못된 데이터는 잘못된 결과를 낳는다'는 원칙은 AI 로비에서도 유효하다. 따라서 편향되지 않고 객관적인 데이터를 수집하는 것이야말로 성공적인 전략 수립의 출발점이다. 잘못된 또는 조작된 데이터는 곧바로 편향된 알고리즘을 낳고, 이는 잘못된 예측과 왜곡된 설득 논리로 이어진다. 따라서 데이터 수집 단계부터의 윤리적 기준과 검증 절차가 필수적이다. 데이터 출처의 투명성을 확보하고, 다양한 관점의 데이터를 균형 있게 학습시키는 노력이 선행되어야 한다.

알고리즘의 설명 가능성(explainability)

"AI가 그렇게 분석했다"는 것만으로는 충분하지 않다. 왜 그런 결론이 나왔는지, 어떤 데이터를 기반으로 어떤 요인이 중요하게 작용했는지 설명할 수 있어야 정책 결정자를 설득하고 대중의 의구심을 해소할 수 있다. '블랙박스'로 남아있는 알고리즘은 비윤리적 행위의 온상이 될 수 있으며, 책임 소재를 불분명하게 만든다. AI 모델의 작동 원리를 이해관계자들이 납득할 수 있도록 투명하게 공개하려는 노력이 필요하다(예: XAI, Explainable AI 기술의 활용).

인간의 감독(human oversight)

AI는 강력한 도구이지만, 결국 결정과 책임의 주체는 사람이어야 한다. AI의 분석 결과를 맹목적으로 따르기보다는 인간 로비스트가 사회적 맥락과 공익을 종합적으로 고려해 최종 결정을 내리는 '인간 개입형(Human-in-the-loop)' 시스템이 반드시 필요하다. AI는 효율성을 제공하지만, 지혜와 도덕성은 인간의 영역에 속한다. 로비스트는 AI의 제안을 비판적으로 검토하고, 기술 오용의 가능성을 항상 경계하며, 윤리적 기준에 따라 AI의 활용을 통제해야 한다. 이는 AI 시대 로비에서 '인간의 역할'이 더욱 중요해지는 역설을 보여 준다.

한국 사회는 높은 디지털 인프라를 갖추고 있으나, 로비에 대한 사회적 불신이 깊고 아직 관련 법제도 정비가 미흡한 실정이다. 따라서 글로벌 사례를 반면교사 삼아, 한국형 AI 로비는 '효율성'보다 '투명성'과 '책임성'을 우선시하는 방향으로 설계되어야 한다. 데이터 편향성을 주기적으로 감시하고, AI 활용 여부를 공개하는 윤리적 가이드라인을 선제적으로 정립함으로써, 기술이 민주주의를 위협하는 흉기가 아닌 정책 합리성을 높이고 공익에 기여하는 도구로 활용되도록 유도해야 한다. 이러한 노력은 한국 로비 문화를 한 단계 성숙시키는 기회가 될 것이다.

참고문헌

Borgatti, S. P. et al.(2018). *Analyzing social networks (2nd ed.)*. SAGE Publications.

Jones, B. D. & Baumgartner, F. R.(2005). *The politics of attention: How government prioritizes problems*. University of Chicago Press.

Klüver, H.(2013). *Lobbying in the European Union: Interest groups, lobbying coalitions, and policy change.* Oxford University Press.

08
한국 AI 로비의 현실: 구조적 제약과 도전 과제

한국 로비 생태계는 AI 도입에 있어 고유한 구조적 딜레마에 직면해 있다. 엄격한 데이터 규제와 법적 공백, 그리고 로비에 대한 뿌리 깊은 사회적 불신은 AI 기반 로비의 투명성과 책임성 확보를 제약하는 요인이다. 이 장은 한국적 특수성에 기인한 이러한 현실적 난제를 학술적으로 진단하고, 건전한 AI 로비 환경 조성을 위한 법적 · 제도적 선결 과제를 심층 분석한다.

AI와 인재 채용?

한국 로비 생태계의 특수성과 기술적 지체

글로벌 선진국들이 AI 로비 효율성과 윤리 사이에서 균형점을 모색하는 동안, 한국은 AI 기술의 급속한 발전에도 불구하고 이를 로비 영역에 접목하는 데서 이중적 제약에 직면하고 있다. 첫째는 역사적으로 형성된 '로비'에 대한 뿌리 깊은 부정적 인식과 '음성적 청탁 문화'의 잔재다. 수많은 정치적 부패 스캔들을 통해 로비는 불법적인 뒷거래와 동일시되어 왔으며, 이는 합법적인 로비 활동마저도 사회적 비난의 대상으로 만드는 경향이 있다. 이러한 사회적 정서와 인식은 AI가 지향하는 투명성과 합리성이라는 가치와 근본적으로 충돌한다. 둘째는 AI 기반 데이터 중심 접근(data-driven approach)을 가로막는 법적 · 기술적 장벽이다. 데이터 활용을 둘러싼 엄격한 규제와 공공 데이터의 파편화는 AI의 잠재력을 온전히 발휘하기 어렵게 만든다.

앞서 1장과 6장에서 살펴본 AI 로비의 이상적 모델과 글로벌 규제 동향은 한국 현실과 상당한 간극을 보인다. 서구권 국가들이 로비 활동을 '정책 과정의 합법적 참여'로 인정하고 법적 · 제도적으로 관리하며 투명성을 확보하려는 노력을 하는 반면, 한국의 로비는 여전히 혈연 · 지연 · 학연에 기반한 '관계 자본'에 의존하는 경향이 강하다. 이러한 비공식적 관계 중심의 로비 관행은 AI가 수집하고 분석할 수 있는 객관적인 데이터가 아닌, 개인적 유대와 비합리적인 판단에 의존하는 구조를 강화한다. 따라서 한국형 AI 로비 가능성을 논하기 위해서는 단순히 AI 기술의 도입 가능성을 논하기에 앞서, 데이터 접근성, 법적 미비, 사회적-윤리적 수용성이라는 한국 특유의 구조적 난제를 냉철하게 진단해야 한다. 이러한 난제들은 AI 기술의 긍정적 활용을 저해하고, 자칫하면 음성적 로비 관행을 '디지털 그림자 로비'로 변모시킬 위험마저 내포한다.

데이터 접근성의 비대칭과 활용의 한계

AI 로비의 핵심 동력은 고품질 데이터의 융합 분석에 있다. 그러나 한국은 '데이터 3법(개인정보 보호법 등)' 개정에도 불구하고, 여전히 공공 데이터 개방 질적 수준과 활용 범위에서 명확한 한계를 드러낸다. 이는 AI 기반의 로비 전략 수립 및 실행에 결정적인 제약으로 작용한다.

개인정보 규제와 타기팅의 제약

개인정보 보호법은 국민의 프라이버시를 보호하는 강력한 방패지만, 동시에 AI 학습 데이터 확장을 가로막는 장벽으로 작용한다. 특히, 로비 분야에서 필요한 민감 정보(예: 유권자의 정치적 성향, 특정 이슈에 대한 개인의 의견, 온라인 활동 기록)는 개인정보보호법에 따라 수집 및 활용이 엄격하게 제한된다. 가명 정보의 결합 절차는 여전히 복잡하고 비용이 많이 소요되며, 이는 유권자의 정치적 선호나 소셜 미디어상의 미세한 여론 흐름을 분석하는 데 필수적인 '데이터의 심도(depth)'를 제한한다(김명아, 2021). 예를 들어, 특정 법안에 대한 국민들의 태도를 파악하기 위해 AI가 온라인상 의견들을 분석하려 해도 비식별 처리된 데이터만으로는 깊이 있는 심리·성향적 프로파일링(psychographic profiling)을 수행하기 어렵다.

이로 인해 한국 AI 로비스트들은 글로벌 수준의 정교한 마이크로 타기팅이나 유권자 행동 예측 모델을 구축하는 데 어려움을 겪으며, 이는 글로벌 수준의 예측 분석 역량 확보를 지연시키는 요인이 된다. 실질적으로 데이터 결합 전문 기관을 통한 데이터 활용은 여전히 장벽이 높아, 빅테크 기업이나 특정 연구기관을 제외하면 AI 로비에 필요한 수준의 데이터를 확보하기 힘든 것이 현실이다.

공공 데이터의 파편화

국회 의정 기록이나 행정부 공공 데이터가 개방되고는 있으나, AI가 기계적으로 독해 가능한 형태로 표준화되어 있지 않다. 예컨대 상임위 회의록이나 입법 예고안, 공청회 속기록 등이 단순 PDF 파일이나 비정형 텍스트 파일로 산재해 있어, AI가 이를 자동으로 수집, 분석하는 데 기술적 병목 현상이 발생한다. 각 기관마다 데이터 포맷, 분류 체계, 접근 방식이 달라 이를 통합하는 데 엄청난 시간과 비용이 소요된다. 이는 AI가 정책 결정자의 과거 발언 패턴, 투표 성향, 위원회 활동 등 인지 프레임이나 '스윙 보터' 성향을 분석하는 데 필요한 고품질 데이터 세트(dataset) 확보를 어렵게 만든다. 예를 들어, 특정 의원이 발의한 법안들의 키워드를 AI가 분석하여 그 의원의 주된 관심사를 파악하려 해도, 파편화된 데이터를 수작업으로 전처리하는 데 많은 한계가 따른다. 이러한 환경은 AI의 예측 분석 능력과 초정밀 타기팅 잠재력을 현저히 떨어뜨리는 주된 요인으로 작용한다.

로비 규제의 공백과 '그림자 로비'의 디지털화

우리나라는 로비 활동을 양성화하고 투명하게 관리할 수 있는 독립된 법률이 부재하며, 이로 인해 음성적인 청탁 문화가 지속되는 한계를 지닌다. 특히 현행 법체계 하에서는 로비의 정의와 허용 범위가 명확하지 않아 정당한 권익 대변 활동마저 위축될 우려가 있다(조규범, 2012). 이러한 법적 공백은 AI 시대의 새로운 로비 형태를 효과적으로 관리하고 감독하는 데 큰 어려움을 야기한다.

AI 챗봇이 특정 입법자에게 편향된 정보를 제공하거나, 생성형 AI가 대규모 여론 조작 캠페인을 수행할 경우, 현행법상 이를 '로비 행위'로 규정하고 처벌할 근거가 모호하다. 예를 들어, 한 이익 단체가 개발한 AI 챗봇이 국회의원 보좌관에게 자사에 유리한, 그러나 사실 관계가 왜곡된 보고서를 자동으로 전달했다고 가정해 보자. 이 경우 누가, 어떤 의도를 가지고 로비 행위를 했는지 파악하기 어려우며, 기존의 법적 책임 원칙을 적용하기 곤란하다. 이는 로비 주체가 AI 뒤에 숨어 영향력을 행사하는 '디지털 그림자 로비(shadow lobbying)'를 부추길 위험이 있다. 또한 알고리즘 편향성은 인공지능 시대의 핵심 윤리적 문제로 인공지능의 공정성, 투명성, 책임성, 포용성 등 다양한 윤리적 고려사항과 함께 다루어져야 하며, 데이터 관리 개선 및 모니터링을 통한 해결 노력이 필요하다(변순용, 2020). 알고리즘 개발사는 면책 특권을 주장할 수 있고, 이를 활용한 로비 주체는 '기술의 한계'를 내세울 수 있어 결국 아무도 책임지지 않는 '책임의 공백'이 발생할 수 있다. 이러한 법적 공백은 AI 로비 투명성을 저해하고, 기술이 민주적 공론장을 왜곡하는 수단으로 악용될 가능성을 방치한다. 이는 궁극적으로 민주주의의 건전성을 위협하는 중대한 도전 과제다.

사회적 인식의 지체와 알고리즘 리터러시 부족

한국 사회에서 AI 로비 안착을 가로막는 또 다른 장벽은 기술과 윤리에 대한 사회적 합의 부재다. 뿌리 깊은 '로비'라는 단어 자체가 주는 거부감과 AI의 '알고리즘 불투명성' 속성이 결합되어, 대중은 AI 로비를 투명한 소통 수단이 아닌 '고도화된 조작 도구'로 인식할 개연성이 높다. 이러한 사회적 불신은 로비의 합법적인 기능마저도 위축시키고, AI 기술의 긍정적인 활용 가능성을 저해한다.

정책 결정자(입법가, 관료)들 또한 AI 리터러시(literacy) 격차를 보인다. 일부는 AI 분석 데이터를 맹신하여 비판적 검토 없이 그대로 수용하는 경향을 보이기도 한다. 예를 들어, AI가 도출한 경제 효과 예측치를 맹목적으로 신뢰하여 정책에 반영했다가 예상치 못한 부작용에 직면하는 경우다. 반면, 다수는 알고리즘 작동 원리를 이해하지 못해 합리적인 의사 결정 보조 도구로 활용하지 못하거나, 심지어는 AI를 비생산적인 단순 업무 자동화 정도로만 인식하는 경우가 많다. 이들은 AI가 제공하는 심층적인 통찰을 활용하여 정책 논의의 질을 높일 기회를 놓친다.

시민 사회 역시 AI 로비 메커니즘을 감시할 전문성이 부족하여 효과적인 견제 기능을 수행하지 못하고 있다. 일반 대중은 AI 기술의 복잡성을 이해하기 어렵기 때문에, AI가 활용된 로비 활동이 정당한지, 혹은 여론 조작이나 특정 이익을 위한 편향된 개입인지 구분하기 힘들다. 이는 AI 로비의 투명성을 더욱 저해하고, 공정한 정보 접근권을 위협하며, 시민들의 정책 과정 참여에 대한 불신을 키울 수 있다. 이러한 인식 지체는 AI 로비가 양지로 나와 제도화되는 것을 지연시키며, 음성적이고 불투명한 영역에 머물게 하는 악순환을 초래한다. 결국, AI 기술이 가져올 수 있는 민주적 참여의 확대 및 정책 합리성 제고라는 긍정적 효과가 한국 사회에서는 충분히 발현되기 어려운 환경인 셈이다.

투명성과 데이터 주권을 향한 과제

한국 AI 로비가 직면한 데이터, 법제, 인식의 삼중고를 극복하기 위해서는 다각적인 노력이 시급하다. AI는 한국 로비의 고질적인 불투명성을 해소하고 합리성을 제고할 잠재력을 가지고 있지만, 이를 현실화하기 위해서는 국가적 차원의 전략적인 접근이 필수적이다.

데이터 인프라 혁신

개인정보 보호 원칙을 준수하되, 공익적 목적의 로비 활동(예: 입법 예측, 사회적 이슈 분석 등)을 위한 공공 데이터의 개방 수준을 획기적으로 높이고 표준화를 추진해야 한다. 특히, 로비 분야에 필요한 의정 데이터, 정책 결정자 발언 데이터 등을 AI가 기계적으로 독해할 수 있는 형태로 통합 제공하는 공공 플랫폼 구축을 고려해야 한다. 동시에 가명 정보 활용 절차를 간소화하고 안전하게 활용할 수 있는 기술적, 제도적 지원을 강화하여 데이터 활용의 물꼬를 터야 한다.

제도적 기반 마련

'로비'를 합법적 영역으로 인정하는 사회적 합의와 함께, AI 활용 여부를 공개하고 알고리즘 윤리성을 심사하는 '디지털 로비 투명성 가이드라인' 제정이 선행되어야 한다. EU의 AI법과 같은 위험 기반 규제 모델을 참고하여,

AI를 활용한 로비 활동의 위험도를 분류하고 그에 따른 차등적 의무를 부과하는 방안을 검토할 필요가 있다. 또한 AI 기반 로비 활동의 투명성과 책임 소재를 명확히 하는 'AI 로비스트 등록제' 도입을 적극적으로 논의해야 한다.

사회적 역량 강화

로비스트, 정책 결정자, 시민 사회를 대상으로 AI 윤리 및 활용 교육을 강화하여, 기술에 대한 막연한 공포나 맹신을 해소하고 건전한 감시 역량을 키워야 한다. 특히 정책 결정자들에게는 AI가 제공하는 정보의 한계와 편향성을 이해하고 비판적으로 활용할 수 있는 역량을 키우는 것이 중요하다. 시민 사회에는 AI 기반의 로비 활동을 모니터링하고 평가할 수 있는 전문성을 함양할 기회를 제공해야 한다.

이러한 선결 과제들 해결 없이는 한국형 AI 로비 모델 정착은 요원하다. 9장에서는 이러한 문제의식을 바탕으로 구체적인 법적·제도적 개선 방안을 논의할 것이다. 한국이 진정한 의미의 AI 시대 민주주의를 실현하기 위해서는, AI 로비가 그 기술적 잠재력을 올바르게 발휘할 수 있도록 견고한 제도적 토대와 성숙한 사회적 인식을 동시에 마련해야 할 것이다.

참고문헌

김명아(2021). “빅데이터의 활용 및 정보보호에 관한 법제 연구” (연구보고 21-02). 한국법제연구원.

변순용(2020). "데이터 윤리에서 인공지능 편향성 문제에 대한 연구". 《윤리연구》, 1(128), pp.143~158.

조규범(2012). "로비활동 법제화의 쟁점과 과제" (현안보고서 제155호). 국회입법조사처.

09

한국형 AI 로비: 법적·제도적 개선 방안

한국 로비 생태계는 법적 공백과 인식의 지체로 인해 AI 기술 수용에 구조적 난항을 겪고 있다. 이 장은 기술 혁신과 민주적 책임성의 조화를 위한 '한국형 AI 로비 거버넌스' 모델을 제안한다. 구체적으로 AI 로비스트 등록제, 알고리즘 윤리 가이드라인, 리터러시 강화 방안을 제시하며, 음성적 관행을 데이터 기반의 투명한 시스템 로비로 전환하기 위한 실질적인 입법 및 정책 로드맵을 모색한다.

AI와 기자?

기술적 진보와 제도적 지체의 간극 해소

8장에서 진단한 바와 같이, 한국 로비 생태계는 AI라는 혁신적 도구를 도입하고 그 잠재력을 올바르게 활용하기에 법적, 사회적 준비가 미흡한 상태다.

'로비'에 대한 사회적 낙인과 비공식적 관계 의존 관행은 데이터 기반 투명성을 지향하는 AI 로비와 근본적으로 충돌한다. 오랫동안 한국 사회에서 로비는 불법적인 금품 수수나 연줄에 의한 '청탁'과 동일시되어 왔으며, 이는 굵직한 정치적 스캔들로 인해 더욱 공고해졌다. 그 결과 합법적이고 건설적인 정책 제안 활동마저도 음성적인 영역에 머무르게 만드는 경향이 있다. 이러한 '음성적 청탁 문화'는 인적 네트워크를 통한 비공식적 정보 교환과 개별적인 이해관계 조율에 의존하기 때문에, AI가 추구하는 객관적인 데이터 분석과 공개적인 논의 과정을 활용하기 어려운 구조를 형성한다.

한편, 글로벌 선진국들은 EU의 AI 법이나 미국의 행정명령 등을 통해 AI의 위험을 통제하며 동시에 산업적 활용을 장려하는 균형점을 모색하는 동안, 한국은 규제 불확실성 속에 머물고 있다. 기술은 빠르게 발전하지만, 이를 규율하고 수용할 법적, 제도적 장치가 따라가지 못하는 '제도적 지체' 현상이 심화되는 것이다. 예를 들어,

현재 한국의 법률 체계는 AI 기반으로 이루어지는 초정밀 타기팅 광고나 AI 챗봇을 통한 대규모 여론 형성 캠페인을 '로비 활동'으로 정의하고 규제할 명확한 근거가 미비하다. 이는 규제의 공백을 만들어 악의적인 AI 로비의 가능성을 열어둔다.

따라서 현시점의 과제는 AI 로비에 대한 단순한 규제 부재를 해소하는 것을 넘어, AI 로비를 제도권 내로 수용하여 양성화하는 것이다. 이 장에서는 혁신과 책임의 균형을 추구하는 '한국형 AI 로비 거버넌스'를 제안한다. 이는 음성적 청탁을 AI 기반의 합법적 정책 제언 활동으로 전환하고, 기술 오용에 따른 민주적 절차 훼손을 방지하는 제도적 안전망을 구축하는 것을 목표로 한다. AI를 단순히 기술적 도구로만 볼 것이 아니라, 민주주의의 투명성과 합리성을 높이는 촉매제로 활용하기 위한 사회적 약속과 시스템 구축이 시급하다.

AI 로비스트 등록제: 활동의 양성화와 투명성

현행 법체계는 로비 활동을 제도적으로 관리하기보다 주로 변호사법 등을 통한 사후적 금품 수수 처벌에 치중하고 있어, AI 알고리즘을 활용한 비대면 정보 제공이나 데이터 기반의 정교한 영향력 행사를 '정당한 권익 보호'

와 '불법적 로비' 사이의 사각지대에 방치하는 결과를 초래한다(조규범, 2012). 이는 '디지털 그림자 로비'의 온상이 될 수 있으며, 법적 규제의 사각지대를 만든다. 예를 들어, 특정 법안의 통과를 원하는 기업이 수십억 원을 들여 AI 기반 로비 대행사에 의뢰하여, AI 챗봇을 통해 정책 결정자에게 자사 입장을 대변하는 보고서를 수시로 전달하거나, AI를 통해 생산된 콘텐츠로 대규모 여론캠페인을 전개하더라도, 현행법상 '로비 활동'으로 규정하기 어렵고 그 주체와 내용을 파악하기가 매우 힘들다. 이러한 익명성 뒤에 숨어 이루어지는 로비는 그 영향력이 투명하게 드러나지 않아 책임 소재가 불분명해지는 문제점을 낳는다.

이에 대한 해법으로 'AI 로비스트 등록제' 도입을 제안한다. 이 제도는 정책 결정 과정에 영향을 미칠 목적으로 AI 시스템을 운용하는 모든 주체(기업, 단체, 로펌, 대행사 등)에게 등록 의무를 부과한다. 등록 시에는 로비 활동의 주체뿐만 아니라, 사용되는 AI 도구의 유형(예: 여론 분석 봇, 자동 생성형 AI, 예측 모델링 시스템 등), AI 모델 학습에 사용된 데이터의 주요 출처, 그리고 로비 활동의 타기팅 방식 및 예상 범위 등을 명시해야 한다. 이는 AI 로비 활동의 기본 정보를 공개하여 투명성을 확보하는 것을 목적으로 한다. 예를 들어, 어떤 단체가 AI를 활용하여 특정 법안에 대한 서명 운동을 전개할 경우, AI 사용 여부와 그 과정에 대한 정보를 공개적으로 등록해야 한다.

더 나아가 공직자와의 접촉 기록에 AI 챗봇 로그나 AI 생성 보고서 제출 이력을 포함하도록 하여 '디지털 접촉'의 투명성을 확보해야 한다. 예를 들어, 국회 보좌진이 AI 챗봇과 대화하여 정보를 얻거나 AI가 작성한 브리핑 문서를 전달받은 경우, 이러한 상호작용 기록 역시 로비 기록으로 남겨 대중이 접근할 수 있도록 해야 한다. 특히 EU AI법의 입법례를 참조하여, 대규모 여론 조작이 가능하거나 민주적 절차에 중대한 영향을 미칠 수 있는 AI 시스템은 '고위험군'으로 분류하고, 해당 알고리즘의 편향성 검증 보고서, 데이터 품질 평가, 그리고 외부 기관의 감사 보고서 제출을 의무화하는 등 차등적 규제를 적용해야 한다. 이처럼 투명성을 핵심 가치로 하는 등록제는 '그림자 로비'를 방지하고, 시민 사회 및 언론의 감시를 가능케 하는 제도적 초석이 될 것이다.

데이터 윤리 가이드라인: 알고리즘 공정성과 책임성 강화

AI 로비의 핵심 원료인 데이터 활용에서 편향성과 불투명성을 통제하기 위한 'AI 퍼블릭 어페어즈 윤리 가이드라인' 제정이 필수적이다. 가이드라인은 AI가 사회적 공정성을 훼손하지 않도록 다음의 핵심 원칙을 포함해야 한다. 현재 한국 사회에서 로비 분야는 AI 데이터 윤리에 대한 구체적인 기준이 마련돼 있지 않아 AI 모델이 학습 데이터의 편향성을 그대로 반영하여 특정 집단에게만 유리한 정책 제언을 반복하거나, 의도치 않게 사회적 차별을 심화하는 로비 전략을 도출할 위험이 상존한다.

알고리즘 공정성(fairness)

AI 학습 데이터가 특정 정치 성향이나 인구 집단에 편향되지 않았는지 검증하는 절차를 의무화해야 한다(고학수 외, 2019). 예를 들어, 특정 이슈에 대한 과거 여론 데이터를 학습할 때, 일부 극단적인 의견이 과도하게 반영되지 않도록 데이터를 정제하고, 성별, 지역, 소득 수준 등 다양한 인구통계학적 특성을 고려한 대표성을 갖춘 데이터 세트를 구축하는 것이 중요하다. 편향된 데이터가 민주적 담론을 왜곡하지 않도록 데이터 수집 및 전처리 단계부터 공정성 감사를 수행해야 한다. 이러한 노력 없이는 AI가 특정 이익 집단의 입장을 강화하고 사회적 불균형을 심화하는 도구로 전락할 수 있다.

설명 가능성(explainability)

AI가 도출한 정책 제언이나 예측 결과가 어떤 근거로 산출되었는지 이해관계자에게 설명할 수 있어야 한다. 알고리즘의 불투명성에 의한 로비는 정책 결정의 정당성을 훼손하므로, 주요 변수와 가중치에 대한 투명한 공개를 원칙으로 한다(심우민, 2018). 예를 들어, AI가 특정 정책 결정자에게 '환경 규제 완화'를 주장하는 메시지를 생성했을 때, AI는 이 제안이 과거 데이터 분석을 통해 '해당 결정자의 경제적 이익 강조 성향'과 '지역구 주민의 실업률 상승 우려'를 주요 요인으로 고려하여 도출되었음을 설명할 수 있어야 한다. 정책 결정자가 AI의 권고를 수용할지 여부를 판단하는 데 있어, 그 근거가 명확하게 제시되는 것은 필수적이다.

프라이버시 보호(privacy)

마이크로 타기팅을 위한 데이터 수집 시 정보 주체의 명시적 동의를 구하고, 가명 처리 기술을 고도화하여 개인 식별 위험을 원천 차단해야 한다(김명아, 2021). AI 로비는 개인의 정치적 성향, 온라인 활동 기록, 심지어 감성 정보까지 분석하므로, 이러한 민감 정보의 오남용은 심각한 프라이버시 침해로 이어질 수 있다. 따라서 데이터 수집 및 활용 과정에서 EU 일반 데이터 보호 규칙(GDPR)에 준하는 강력한 개인정보 보호 기준을 마련하고, 주기적인 보안 감사와 정보 주체의 열람, 수정, 삭제 요청권을 보장하는 시스템을 구축해야 한다.

책임 귀속(accountability)

AI의 오류나 편향으로 사회적 피해(예: AI에 의한 허위 정보 유포, 특정 후보 비방 등)가 발생했을 때, 개발사와 운영자(로비스트) 간의 책임 범위를 명확히 하는 법적 근거를 마련한다. 이는 로비 주체가 기술 뒤에 숨어 윤리적 책임을 회피하는 '책임의 공백'을 방지한다. 예를 들어, AI가 생성한 허위 정보로 인해 특정 정치인의 명예가 훼손되었을 경우, 해당 AI 모델을 개발한 기업, 이를 구매하여 사용한 로비 대행사, 그리고 캠페인을 승인한 의뢰 기업 등 여러 주체 중 누가 어느 정도의 책임을 져야 하는지 법적으로 명확히 규정해야 한다.

공직자 및 시민 사회의 AI 리터러시 제고

8장에서 진단한 한국 사회의 AI 로비에 대한 '인식의 지체'와 '알고리즘 리터러시 부족'이라는 문제점을 극복하기 위해서는, 제도를 운용하고 감시할 주체들의 역량 강화가 필수적이다. 제도가 아무리 정교하게 설계된다 해도 이를 올바르게 이해하고 활용할 능력이 부족하면 무용지물이 될 수밖에 없다.

공직자 AI 역량 강화

2025년부터 전 공무원을 대상으로 AI 활용 역량 강화 교육이 추진되므로, 이 과정에 'AI 로비 대응' 모듈을 신설하는 방안을 고려해야 한다(양정우, 2025). 정책 결정자들은 AI가 생성한 정보의 잠재적 편향성을 식별하고, 데이터 뒤에 숨겨진 이해관계를 비판적으로 해석할 수 있는 '알고리즘 리터러시'를 갖춰야 한다. 예를 들어, AI가 제시한 '규제 완화 시 경제 활성화 예측치'를 무비판적으로 수용하기보다, 그 예측 모델에 사용된 데이터가 특정 산업에 유리하게 구성되지는 않았는지, 어떤 가정이 포함되었는지 등을 질문하고 검증할 수 있는 능력을 길러야 한다. 현재 많은 공직자들은 AI 보고서의 수치를 맹신하거나, 반대로 AI를 완전히 불신하여 합리적인 의사 결정 보조 도구로 활용하지 못하는 양극단의 경향을 보인다. 이러한 격차를 해소하고 AI를 올바르게 활용하는 역량을 키우는 것이 중요하다. 또한 AI가 생성한 정보의 한계를 인지하고, 인간 고유의 윤리적 판단과 사회적 맥락을 종합하여 최종 결정을 내리는 훈련이 요구된다.

시민 감시 역량 강화

시민 단체가 AI 기반 여론 조작이나 부당한 로비 활동을 모니터링할 수 있도록 정보 접근권을 보장하고 관련 교육을 지원해야 한다. 건강한 공론장 형성을 위해서는 시민들이 AI 로비 메커니즘을 이해하고, 기술 오용에 대해 비판적 목소리를 낼 수 있어야 한다. 예를 들어, AI가 생성한 가짜 뉴스나 편향된 캠페인 콘텐츠를 시민들이 직접 식별하고 신고할 수 있도록 하는 플랫폼을 개발하거나, AI 윤리에 대한 시민 교육 프로그램을 확대하는 것이 필요하다. 현재는 이러한 기술적 감시 능력이 소수 전문가에게만 집중되어 있어, 효과적인 시민 견제가 이루어지기 어려운 실정이다. 일반 시민들이 AI의 작동 원리나 잠재적 위험에 대한 기초적인 이해를 가질 때, AI 로비 활동에 대한 건전한 비판과 감시가 가능해지며, 이는 민주주의의 활성화를 이끄는 중요한 요소가 된다.

자율 규제와 윤리적 책임의 내재화: 지속 가능한 AI 로비 생태계 조성

법적, 제도적 개선 노력과 더불어 AI 로비를 수행하는 주체 스스로의 자율적인 규제와 윤리적 책임의 내재화는 지속 가능한 AI 로비 생태계를 조성하는 데 필수적이다. 정부의 규제만으로는 급변하는 AI 기술의 모든 측면을 포괄하기 어렵기 때문이다. 기업과 로비 대행사, 시민단체 등 로비 주체들은 산업계 전체의 신뢰를 유지하고 장기적인 이익을 확보하기 위해 능동적으로 윤리적 기준을 마련하고 준수해야 한다.

산업 협회 및 단체의 역할 강화

AI 로비를 수행하는 기업 및 전문가들로 구성된 산업 협회나 윤리 위원회를 설립하여, AI 로비 활동에 대한 자체적인 가이드라인과 행동 강령을 제정해야 한다. 예를 들어, 'AI 로비 윤리 강령'을 통해 투명성, 공정성, 책임성 등의 원칙을 명시하고, 위반 시 자체 징계 절차를 마련하여 시장의 자정 능력을 높일 수 있다. 이는 정부 규제가 미치기 어려운 영역의 세부적인 윤리적 문제들을 다루고, 산업 표준을 제시하는 역할을 할 수 있다.

기업 및 조직의 내부 통제 강화

로비 활동에 AI를 활용하는 각 기업이나 조직은 내부적으로 강력한 윤리 위원회나 책임 부서를 설립하여 AI

로비 전략 수립 및 실행 과정 전반을 감시하고 통제해야 한다. AI 모델 개발부터 데이터 수집, 메시지 생성, 캠페인 집행에 이르기까지 모든 단계에서 발생할 수 있는 윤리적 위험을 사전에 평가하고, 인간 전문가의 검토(human-in-the-loop)를 의무화하는 시스템을 구축해야 한다. 이는 단순한 법적 준수를 넘어, 조직의 핵심 가치와 윤리적 기준을 로비 활동에 반영하려는 적극적인 의지를 보여 주는 것이다.

전문성 및 윤리 교육 의무화

AI 로비에 참여하는 모든 전문가는 AI 기술에 대한 전문 지식뿐만 아니라 관련 윤리 및 법규에 대한 지속적인 교육을 의무화해야 한다. 이러한 교육을 통해 AI의 한계와 위험을 정확히 인지하고, 기술을 활용함에 있어 공익과 민주적 가치를 최우선으로 고려하는 직업 윤리를 확립하도록 해야 한다.

이러한 자율 규제와 윤리적 책임의 내재화 노력은 AI 로비의 투명성과 신뢰성을 높여, 정부 규제와 상호 보완적인 역할을 수행하게 될 것이다. 이는 한국 로비 문화가 진정한 선진화의 길로 나아가는 중요한 축이 될 것이다.

단계적 로드맵을 통한 한국형 거버넌스 구축

한국형 AI 로비 모델 정착은 한국 로비의 고유한 복잡성과 역사적 맥락을 고려하여 신중하고 체계적인 단계적 로드맵을 통해 추진되어야 한다.

준비기(현황 분석 및 공론화)

우선 한국 로비 시장의 AI 활용 실태를 면밀히 조사하고, 학계 · 산업계 · 시민 사회가 참여하는 거버넌스 협의체를 구성하여 AI 로비의 기회와 위협, 필요한 제도적 보완에 대한 사회적 합의를 도출해야 한다.

도입기(규제 샌드박스 및 시범 운영)

사회적 합의를 바탕으로 '규제 샌드박스(regulatory Sandbox)'를 도입, 특정 분야나 지역에 한해 'AI 로비스트 등록제'나 'AI 사용 표기 의무화' 등을 시범 운영하여 실효성과 부작용을 점검한다.

확산기(법제화 및 시스템 구축)

시범 운영 결과를 바탕으로 관련 법안을 정비하고, AI 로비 활동을 상시 모니터링하는 디지털 등록 및 윤리 검증 시스템을 구축하여 제도를 전면 시행한다. 이 단계에서는 AI 로비의 합법적인 영역과 책임 범위가 명확해지며, 건전한 AI 로비 시장이 형성되고 민주적 절차의 투명성이 강화될 것이다.

이러한 체계적인 접근은 AI 기술이 한국 로비 문화를 음성적 관행에서 과학적이고 투명한 시스템으로 진화시키는 촉매제가 되도록 할 것이다. 이것이 바로 기술 강국 한국이 지향해야 할 AI 로비의 미래상이자, AI 시대 민주주의의 새로운 기준을 제시하는 길이다.

참고문헌

고학수 외(2019). "인공지능과 차별". 《저스티스》, 171, pp.199~277.

김명아(2021). "빅데이터의 활용 및 정보보호에 관한 법제 연구" (연구보고 21-02). 한국법제연구원.

심우민(2018). "알고리즘 투명성에 대한 규범적 접근방식". 《The Digital Ethics》, 2(1), pp.1~12.

양정우(2025.9.24). 공공분야 AI 전문가 2만명 양성…전직원 AI 활용 역량 강화. 연합뉴스. https://www.yna.co.kr/view/AKR20250924087400530

조규범(2012). "로비활동 법제화의 쟁점과 과제"(현안보고서 제155호). 국회입법조사처.

10
인간의 윤리와 만난 AI 로비

이 책은 AI 기술이 견인한 로비 패러다임의 구조적 재편 과정을 추적했다. 데이터와 알고리즘은 전략적 효율성을 극대화했으나, 그것이 곧 민주적 정당성을 담보하지는 않는다. AI는 인간의 역량을 증강하는 도구적 수단일 뿐, 소통과 책임의 최종 주체는 여전히 인간이다. 이 장은 '인간-AI 협력적 로비 모델'이 공공성을 수호하고 민주주의를 성숙시키는 새로운 규범적 대안임을 역설한다.

AI와 미래 의사?

혁신의 역설: 기술적 완벽함과 규범적 질문

인공지능은 로비라는 고전적 정치 행위의 문법을 근본적으로 다시 썼다. 과거 '관계 자본(relationship capital)'에 의존했던 로비는 이제 '데이터 자본(data capital)'을 누가 더 정교하게 운용하느냐의 게임으로 전환됐다. 우리는 이 책을 통해 AI가 정책 개입의 '결정적 시기(golden time)'를 예측하고(2장), 이해관계자를 초세분해 타기팅하며(3장), 초개인화된 메시지로 설득 효율을 극대화하는(4장) 전 과정을 살펴봤다. 또한 글로벌 규제 동향(6장)과 한국적 특수성(8장)을 통해 AI 로비가 단순한 기술 도입을 넘어선 법적 · 사회적 과제임을 확인했다. AI는 분명 로비스트의 인지 능력을 증강(augment)하고, 로비를 '예술'의 영역에서 '과학'의 영역으로 진화시켰다.

그러나 이러한 기술적 진보의 정점에서 우리는 근원적인 질문과 마주한다. "효율적인 로비가 곧 올바른 로비인가?" AI가 분석한 최적의 전략이 공공 이익과 충돌할 때, 우리는 어떤 선택을 해야 하는가? 이 질문에 대한 답은 알고리즘의 연산 결과가 아닌, 인간의 규범적 판단(normative judgment) 속에 존재한다. AI 로비는 강력하지만, 그 규범적 방향성은 전적으로 인간의 윤리적 판단에 의해 결정되어야 한다. 예를 들어, AI가 특정 정책의 통과를 위해 가장 효율적인 방법으로 '허위 정보의 제한적 유포'를 제안했다고 가정해 보자. 순수하게 효율성만을 추구하는 AI는 이러한 전략이 가장 빠르게 목표를 달성할 수 있다고 판단할 수 있지만, 이는 민주주의의 근간을 훼손하는 반윤리적 행위다. 이럴 경우, AI의 제안을 비판적으로 검토하고 거부하는 것은 오직 인간의 윤리적 책임감에서 비롯되어야 한다. AI 로비는 과거의 그림자 로비가 더욱 지능화되고 교묘해지는 결과를 낳을 수도 있으며 이를 방지하는 것은 기술이 아닌 인간의 몫이다.

도구를 넘어선 주체: 책임 귀속과 윤리적 통제권

AI가 제공하는 자동화된 실행력은 로비 생산성을 비약적으로 높인다. 그러나 7장 사례 연구가 보여주었듯, 데이터 편향과 알고리즘 불투명성(black-box)은 민주적 담론을 왜곡하는 치명적 위험을 내포한다. 예를 들어, 특정 법안 지지를 위한 AI 캠페인이 알고리즘 편향으로 인해 특정 지역이나 계층의 목소리만 과도하게 증폭하고 다른 계층의 의견을 묵살할 수 있다. 대중의 분노나 불안을 자극해 클릭 수를 높이는 알고리즘적 설득은 단기적 성과를 낼지 모르나, 장기적으로는 사회적 신뢰를 약화시킬 수 있다. 또한 학습 데이터에 내재된 차별적 시각이 정책 제언에 투영될 때, AI는 불평등을 재생산하는 도구가 된다(정세열, 2020). 특히 한국처럼 지역, 세대, 이념 갈등이 첨예한 사회에서는 이러한 AI의 편향성이 심각한 사회적 분열을 초래할 수 있다.

따라서 AI는 로비스트의 유능한 '조수(assistant)'일 뿐, 의사 결정의 '대리인(agent)'이 되어서는 안 된다. 로비 전략 수립부터 메시지 배포에 이르는 전 과정에서 '인간의 개입(human-in-the-loop)'은 필수적이다. 9장에서 제안한 'AI 로비스트 등록제'와 '윤리 가이드라인'은 기술 오남용을 막기 위한 최소한의 안전장치다. 예를 들어 AI가 'A 후보에게 가장 효과적인 설득 메시지는 경쟁 후보의 약점을 부각하는 것이다'라고 제안하더라도, 로비스트는 그 메시지의 사실 관계, 윤리성, 그리고 장기적인 파급 효과를 인간적인 기준으로 판단하여 사용할지 말지를 결정해야 한다. 알고리즘이 "이 타깃을 공략하라"고 지시하더라도, 그 행위가 사회적으로 타당한지 판단하고 최종 책임을 지는 것은 오롯이 인간 로비스트의 몫이다(Diakopoulos, 2019). 즉, AI는 선택지를 제공하지만 선택에 대한 책임은 인간에게 귀속되어야 한다는 '책임 소재의 명확성'이 AI 로비의 핵심 원칙이며, 이는 한국 사회의 로비 불신을 해소하는 데 가장 중요한 요소가 될 것이다.

하이브리드 지성: 진정한 소통과 신뢰의 복원

AI는 방대한 데이터의 패턴을 식별(identify)하고 복잡한 통계적 상관관계를 규명(clarify)하는 연산 능력은 탁월하지만, 정책 현장에 내재된 미묘한 사회적 맥락(social context)과 인간적 정서(human emotion)를 온전히 해석(interpret)하는 데는 구조적 한계를 지닌다. 정책 결정자와 공중 사이의 '진정한 소통'은 단순히 정보를 교환하는 행위를 넘어, 상호 공감과 신뢰라는 사회적 자본 위에서 이루어진다. 예를 들어, AI가 아무리 정교한 데이터를 기반으로 "현재 시점에 B 의원에게는 C 법안이 지역구 이익에 도움이 된다는 점을 강조해야 한다"고 제안하더라도, B 의원이 가진 오랜 정치적 신념, 개인적인 가치관, 혹은 지역 주민들의 정서적 반발 가능성 등 AI가 포착하기 어려운 '정치적 민감도'는 인간 로비스트만이 이해하고 조율할 수 있다. 깊이 있는 대화, 갈등 상황에서의 유연한 중재, 그리고 진정성 있는 설득은 여전히 AI가 모방할 수 없는 인간 고유의 영역이다(Kreiss, 2016). 한국의 '정(情)' 문화와 같은 비언어적, 비합리적 요소들은 AI의 분석 범주를 넘어선다.

따라서 미래의 로비 모델은 AI의 '연산 지능'과 인간의 '사회적 지성'이 결합된 '하이브리드 지성(hybrid intelligence)'을 지향해야 한다. AI는 방대한 문헌 분석과 반복 업무를 처리하여 인간의 인지 부하를 줄여주고, 인간 로비스트는 확보된 여유 자원을 창의적 전략 기획, 진정성 있는 관계 구축, 그리고 미묘한 사회적, 정치적 맥락 이해에 투입해야 한다. 이는 AI가 인간을 대체하는 것이 아니라 인간이 더 가치 있는 일에 집중하도록 돕는 '인간 증강(human augmentation)'의 실현이다. 예를 들어, AI가 100명의 국회의원 중 특정 법안에 '스윙 보터' 역할을 할 수 있는 10명을 예측하고, 각 의원에게 최적화된 메시지 초안을 제공하더라도, 최종적으로 그 의원을 직접 만나 진심으로 설득하고 관계를 구축하는 것은 인간 로비스트의 역할이다. 이러한 협업 모델 하에서 로비는 단순히 특정 이익을 추구하는 행위를 넘어, 사회적 갈등을 조정하고 공공 의제를 숙의하며, 궁극적으로는 더욱 합리적이고 포괄적인 정책 결정에 기여하는 민주적 소통 기제로 승화될 수 있다.

기술과 윤리가 공명하는 로비의 미래

이 책은 AI라는 기술적 파도를 타고 로비의 새로운 지평을 탐색하며, 변화의 본질과 미래를 조망했다. 단순히 AI 기술의 도입을 넘어, 이 강력한 도구가 한국 사회의 고질적인 로비 문제들을 해결하고 더 나은 민주주의를 향하는 촉매가 될 수 있음을 입증하는 데 그 의미를 둔다. 우리가 도달해야 할 목적지는 기술적 유토피아가 아니다. 우리의 목표는 기술을 통해 로비 과정을 더욱 투명하게 만들고, 데이터에 기반한 합리적 정책 결정을 지원하며, 결과적으로 민주주의 질을 높이는 데 있다. 한국은 세계적인 IT 인프라를 갖춘 디지털 강국이다. 이제는 AI 로비 분야에서도 기술적 활용을 넘어선 선도적인 '윤리적 리더십'을 발휘하여, 새로운 시대의 로비 표준을 제시해야 할 때다.

투명하고 책임 있는 AI 로비 시스템은 다음과 같은 미래를 약속한다. 첫째, 데이터에 근거한(evidence-based) 정책 논쟁이 활성화되어 입법 품질이 향상된다. 과거 특정 단체의 일방적인 주장에 휘둘렸던 정책 결정 방식이, 객관적 데이터와 AI 분석에 기반한 논리적 근거로 대체되어 정책의 오류를 줄일 수 있을 것이다. 둘째, 로비 활동의 과정이 기록되고 공개됨으로써 로비에 대한 대중적 불신이 해소된다. 로비스트의 활동 내용과 AI 활용 방식이 투명하게 공개될 때, 시민들은 정책 결정 과정에 대한 신뢰를 회복하고 '밀실 야합'이라는 오명에서 벗어날 수 있을 것이다. 셋째, 인간 로비스트는 기술적 도구의 주인으로서 단순한 인맥 관리자를 넘어 전문성과 윤리성을 겸비한 전략가로 거듭난다. AI가 반복적이고 분석적인 작업을 처리하는 동안, 로비스트는 창의적 문제 해결, 복잡한 협상, 그리고 공익적 가치 판단에 더욱 집중할 수 있게 된다.

그러나 이러한 미래는 저절로 오지 않는다. 특히 한국에서 AI 로비가 올바르게 정착되기 위해서는 몇 가지 중대한 조건과 전제들이 충족되어야 한다. 첫째, 강력한 법적·제도적 기반이 필수적이다. 'AI 로비스트 등록제' 도입, '알고리즘 윤리 가이드라인' 제정, 그리고 AI 활용 여부 및 과정을 투명하게 공개하는 의무화는 '디지털 그림자 로비'를 방지하고 활동의 투명성을 확보하는 최소한의 장치다. 과거 로비스트 등록제 도입 논의가 번번이 좌절되었던 경험을 반면교사 삼아, AI 시대에는 새로운 관점에서 법제화의 당위성을 설득하고 사회적 공감대를 형성해야 한다. 둘째, 정책 결정자와 시민 사회의 'AI 리터러시' 향상이 선결되어야 한다. AI가 제공하는 정보의 한계와 잠재적 편향성을 비판적으로 이해하고 판단할 수 있는 능력이 뒷받침되지 않는다면, AI 로비는 통제 불능의 도구가 될 수 있다. 공직자는 AI를 맹신하거나 불신하지 않고 올바르게 활용하며, 시민은 AI 기반 로비 활동을 효과적으로 감시할 수 있도록 교육과 정보 접근성이 강화되어야 한다. 셋째, 로비 주체들의 자율 규제와 윤리적 책임의 내재화가 뒷받침되어야 한다. 법과 제도가 모든 것을 담을 수 없기에, 로비 관련 산업 협회나 기업들은 자체적인 윤리 강령을 제정하고 투명한 운영 원칙을 세워야 한다. 기술의 효율성에 앞서 공정성과 사회적 책임을 우선하는 윤리 의식 없이는 아무리 정교한 AI도 결국 불신을 야기할 수밖에 없다.

AI와 인간이 협력하는 이 새로운 로비 모델은, 기술이 인간을 지배하는 것이 아니라 인간이 기술을 통해 더 나은 세상을 만드는 도구로 활용하는 '책임 있는 혁신(responsible innovation)'의 모범 답안이 될 것이다. 이는 과거의 음성적 관행으로 얼룩진 한국 로비의 역사에서 벗어나 기술을 통해 민주주의의 가치를 수호하고 사회적 신뢰를 회복하는 중요한 전환점이 될 것이다. AI 시대, 로비의 본질은 변하지 않았다. 그것은 여전히 사람과 사람 사이의 신뢰를 잇고, 더 나은 공동체를 만들기 위한 치열한 소통의 과정이다. 이제 우리는 이 책이 제시한 방향성을 통해 한국 로비가 과거의 낡은 틀을 깨고, 세계적으로도 인정받는 투명하고 윤리적인 시스템으로 도약할 수 있기를 기대한다.

참고문헌

정세열(2020). "알고리즘 편향성과 인공지능 윤리: 문제점과 해결책". 《정보법학》, 24(3), pp.205~236.

Diakopoulos, N.(2019). *Automating the news: How algorithms are rewriting the media.* Harvard University

Kreiss, D.(2016). *Prototype Politics: Technology-Intensive Campaigning and the Data of Democracy.* Oxford University Press.

오창우

계명대학교 광고홍보학과 교수다. 독일 보쿰대학교에서 언론학 박사 학위를 받았다. 여러 광고 및 PR 관련 학회에서 연구이사, 총무이사, 기획이사를 역임했다. 현재는 새로운 자본주의 아래 광고와 PR의 사회적 책임과 공적 가치의 실현에 관심을 가지고 한국 사회의 잘못된 마케팅 관행을 고발하고 이를 학문적 성취로 연결하기 위해 노력하고 있다. 저서로 《국제PR 기획과 사례》(편역서, 2014), 《PR학 원론》(공저, 2014), 《홍보론》(공저, 2015), 《로빙》(2015), 《마케팅이 강한 병원》(2016), 《연필로 쓰는 광고기획론》(2018), 《생산적 갈등론》(2018, eBook), 《소셜미디어와 기업의 평판관리》(2019), 《마케팅과 윤리》(2021), 《퍼블릭 어페어즈》(2022), 《AI와 조직커뮤니케이션》(2025) 등이 있다. 논문으로는 "미디어체계의 폐쇄성과 현실 구성의 항상성"(2012), "PPL 효과 측정을 위한 방법론적 탐색"(2014), "사회적 자본으로서의 PR"(2016), "한국에서의 사회갈등 논의의 의미연결망 분석"(2017), "공중의 심리적 기저 '인정받기'의 개념적 논의"(2017), "니클라스 루만의 분화이론으로 본 사회의 기능체계로서 스포츠, 움직임의 철학"(2018, 공동), "환경이슈의 정치화에 관한 연구"(2020, 공동), "자기생산적 정치체계의 환경요소로서 로비: 구조적 연결을 통한 체계작동상의 혼선 전략(2023) 외 다수가 있다.